JN026638

消費者法と要件事実

法科大学院要件事実教育研究所報第21号

田村伸子［編］

日本評論社

はしがき

法科大学院要件事実教育研究所は、2022年11月19日に「消費者法と要件事実・講演会」を開催しました。本書は、同講演会のための講演レジュメ、コメントなどとともに講演会当日における講演・コメント・質疑応答などのすべてを収録したものであります。

昨年度と一昨年度に引き続き、新型コロナウイルスの感染拡大防止のため、本年度もオンラインで開催をいたしました。

法科大学院要件事実教育研究所は、本講演会を開催するに当たって各方面にお出しした案内状において、本講演会開催の趣旨を次のように述べています。

「要件事実論における重要な課題として、裁判における主張立証責任対象事実の決定基準をどう考えるべきかの問題があります。この主張立証責任対象事実の決定のための最終的基準は立証の公平（立証責任の負担の公平と同じ意味です）に適うことであると考えられます。

しかし、この「立証の公平」というものの具体的内容については、すべての法的価値判断がそうであるとはいえ、多様な意見がありうるところであります。

特に、今回のテーマである消費者法については、平成28年（第一次）、平成30年（第二次）に改正され、現在は第三次改正の議論が進められているところであり、改正時に主張立証責任に関する議論がどのようになされているのかを知る絶好の機会であります。消費者法における原則・例外という実体法の規範構造が要件事実の決定にあたり具体的にどのように影響しているか、とりわけ、評価的要件・規範的要件が問題となる場合において、評価根拠事実・評価障害事実と主張立証責任が分配されるのが通常ですが、何を基準として分配されるべきかは重要な問題のように思います。

そこで、本年度は、「消費者法と要件事実」というテーマで講演会を開催することといたしました。」

以上のような趣旨のもとに、消費者法の分野において優れた業績を挙げておられる研究者・実務家の各位を講師・コメンテーターとしてお迎えし、上記のように、「消費者法と要件事実」というテーマで講演会を開催した次第であります。

本年度は、講演会に先立ち、講師・コメンテーターの先生方と複数回にわたる綿密な打ち合わせを行い、テーマ選定や内容についての意見交換を行いました。その中で、講演・コメント後にパネルディスカッションを実施したほうが、聴講者にとってより分かりやすいものとなるであろうとの意見が出され、パネルディスカッションも実施することができました。これにより、近時の改正における議論や問題点をより明確に浮き彫りにすることができました。

講師・コメンテーターの先生方における、消費者法を実務においてより使いやすいものとしたいとの意気込みと情熱に、私自身非常に感銘しました。講師・コメンテーターの先生方に心から敬意を表します。と同時に本講演会の内容が、今後の消費者法の解釈や、改正作業において、有益な指針となりゆくことを確信した次第です。

本講演会の特徴は、聴講者各位が自由に質疑応答ができるところにもありましたが、聴講者各位も、関係分野における練達の研究者・実務家ばかりでありましたため、上記議論に積極的に参加され、そのため、本講演会がいっそう充実したものとなったと考えます。

本講演会を通じて、消費者法の分野に止まらず、さまざまな分野における要件事実論（関連して事実認定論）についても多くの示唆や強い刺激が与えられました。今後の要件事実論（関連して事実認定論）の充実と発展に、本講演会が大きな役割を果たすことができたと存じます。

本講演会が、このような形で結実することができたのは、ひとえに、多大のご尽力を賜った講師・コメンテーター・聴講者の皆様のお陰であり、この機会をお借りして、心から厚く御礼を申し上げます。

要件事実論や事実認定論に関心を持ち、それを研究し又は実践しておられる皆様にとって、本書が非常に有益な一書として、広く読者各位にその意義が理解されて、活用されることを心から願っています。

なお、巻末に山﨑敏彦教授及び永井洋士氏（長崎県立大学地域創造学部講師）

によって作成された「要件事実論・事実認定論関連文献（2022年版）」も収録されています。重要な資料としてご参照いただければ幸いであります。

本書が、このような形で世に出るにいたるまでには、講師・コメンテーター・聴講者・執筆者の各先生のほかにも、一々お名前を挙げることはできないほど、実にさまざまな方々にご支援を頂きました。関係者の皆様には心より御礼を申し上げます。また、従来と同じく引き続き、日本評論社の中野芳明氏に一方ならぬお世話になりました。ここに記して、そうした皆様方に深い謝意を表する次第であります。

2023年3月

法科大学院要件事実教育研究所長　**田村伸子**

消費者法と要件事実――目次

消費者法と要件事実・講演会

議事録

講演会次第

［日　　時］ 2022年11月19日（土） 午後1時00分～午後5時30分
［実施方法］ Zoom 使用のオンライン開催
［主　　催］ 法科大学院要件事実教育研究所
［次　　第］

1 開会の挨拶
　須藤悦安（創価大学法学部教授・元法学部長）

2 本日の進行予定説明
　田村伸子（創価大学法科大学院要件事実教育研究所長）

3 講演1
　鹿野菜穂子（慶應義塾大学大学院法務研究科教授）
　「消費者法の展開と要件事実上の課題」

4 講演2
　平尾嘉晃（弁護士・京都弁護士会）
　「2022年改正の概要と課題」

5 講演3
　中田邦博（龍谷大学法学部教授）
　「消費者契約の解釈と消費者契約法の意義——裁判官に期待される役割」

6 コメント1
　池本誠司（弁護士・埼玉弁護士会）

7 コメント2
　カライスコス　アントニオス（京都大学大学院法学研究科准教授）

8 パネルディスカッション

9 質疑応答

10 閉会の挨拶
　島田新一郎（創価大学法科大学院研究科長）

（総合司会：田村伸子）

参加者名簿

〈講師〉

鹿野　菜穂子　　慶應義塾大学大学院法務研究科教授

中田　邦博　　龍谷大学法学部教授

平尾　嘉晃　　弁護士（京都弁護士会）

〈コメンテーター〉

池本　誠司　　弁護士（埼玉弁護士会）

カライスコス　アントニオス　　京都大学大学院法学研究科准教授

〈司会進行〉

田村　伸子　　法科大学院要件事実教育研究所長・創価大学法科大学院教授

〈聴講者〉

尾島　茂樹　　金沢大学大学院法学研究科教授

鈴木　敦士　　弁護士（日弁連消費者対策問題委員会・東弁消費者問題特別委員会）

＊聴講者については、質疑をされた方のみ、その了解を得て指名を掲載する。

消費者法と要件事実・講演会　議事録

田村伸子　本日司会を務めさせていただきます田村と申します。よろしくお願いいたします。はじめに創価大学前法学部長の須藤悦安教授より開会のご挨拶があります。須藤先生、よろしくお願いいたします。

［開会の挨拶］

須藤悦安　はい。どうも皆さんこんにちは。創価大学の須藤でございます。本日は法科大学院要件事実教育研究所の講演会に多数ご参加いただきまして大変にありがとうございます。特にご講演いただきます慶應義塾大学の鹿野菜穂子先生、弁護士の平尾嘉晃先生、龍谷大学の中田邦博先生と、コメンテーターの役割をお引き受けいただきました弁護士の池本誠司先生、京都大学のカライスコスアントニオス先生には深く感謝いたしたいと思います。

この要件事実教育研究所では毎年個別の法領域についてこうした形で講演会を行ってきたわけでございますが、消費者法に関しましては15年前、2007年に一度研究会を行っております。そのときにご参加いただいた先生方もいらっしゃるかと思いますが、そこから時間が15年経ちまして、その当時消費者契約法の内容を中心にやったわけですが、消費者契約法についても四度の改正を経ており、今年度の国会でも改正法が成立しました。さらにまた現在例の霊感商法に関連して昨日も一部改正案が閣議決定されたというような報道がございました。

そうした形で何と言いますか、ある意味で発展の途上にあるようなそういう段階ではございますが、ここで一度これまでの改正を振り返って整理をし、要件事実について考え、そしてまた新たな課題を検討していくということは大変意味のあることだろうというふうに思っております。

そういうところで本日ご講演いただきます先生方、またコメントしていただきます先生方には本当に貴重な機会を与えていただけるということで改めて重ねて感謝を申し上げ、本日の講演会が充実したものとなることを祈念して、簡単ではございますが私の挨拶に代えさせていただきます。本日は大変にありがとうございます。

田村　須藤先生ありがとうございました。私の方からは本日の進行予定と注意事項につきまして簡単に述べさせていただきます。事前に配付させていただいたものとしては講師の先生方のレジュメそれから進行予定があるかと思います。

レジュメにつきましては今からチャットで流しますので、もしお手元にない方はそちらをダウンロードしていただければと存じます。後で入られる方のために各講師のお話が始まった段階でもレジュメをチャットで流させていただきたいと思います。

進行予定につきましては既にお送りしているかと思いますけれども、そこに記載された順序で行ってまいります。コメンテーターの先生方のコメントが終わりましたら本年度はパネルディスカッションということで、努力規定義務、不当勧誘、平均的損害、不当条項このあたりについて多少時間を取りまして議論を行う予定でございます。

その後、聴講される先生方の質問を受け付け、質疑応答ということで行ってまいります。一応17時25分に研究科長の挨拶をいただいて閉会というように予定しておりますが、18時までは時間をとってありますので質問していただければと思います。

質疑応答の時間にご聴講の先生方から質問がありますときには、ご所属とどなたに聞きたいかということをおっしゃっていただければと思います。

Zoomの注意点を申し上げます。本講演会の内容は来年3月に日本評論社から出版予定です。出版のために主催者側では録音をさせていただきますが、聴講される皆様におかれましては恐れ入りますが録音録画は禁止とさせていただきます。Zoomでのオンライン開催ということで、ご聴講の先生方におかれましては音声マイクはミュートにしていただければと思います。質疑応答される場合にはミュートをご自分で解除していただければと思います。ビデオにつきましては講師コメンテーターの先生方がお話をされている間はオフで結構でございます。話をされる方のお顔が大きく見えた方が良いかと思いますのでスピーカービューの設定を推奨させていただきます。またホスト側のインターネットの不具合等で、ズームが途中で落ちるというトラブルがあるかもしれません。その際には一度ご退出をしていただき、２、３分後に再度同一のURLからZoomに入ってくだされればというふうに思います。

お話なさる講師・コメンテーターの先生方はいずれもご高名な先生方ばかりですので、私がご紹介するよりは、今日の講演会のテーマとの関係でそれぞれのお話の冒頭に先生方のバックグラウンド等をお話いただいた方がより適切かと思います。私の方からは以上で配付資料と進行予定のご説明ということで終わりたいと思います。

それでは進行予定に従いまして、まず鹿野菜穂子先生からテーマは「消費者法の展開と要件事実上の課題」ということでご講演をお願いしたいと思います。どうぞよろしくお願いいたします。

＊講演レジュメは参加者にそれぞれ配付され、それらを参照しながら講演が行われている。本書89頁以下を参照されたい。

［講演１］

消費者法の展開と要件事実上の課題

鹿野菜穂子　ただいまご紹介にあずかりました鹿野菜穂子と申します。

Ⅰ　はじめに

それでは始めさせていただきます。本日の講演会の全体テーマは、「消費者法と要件事実」でございます。消費者法分野の民事ルールを定めた法律は多数ございますけれども、その中でも最も重要な役割を果たしているのが消費者契約法と思われますので、ここでは消費者契約法を中心に話をさせていただきたいと思います。この研究所でも既に2007年に消費者法をテーマとした研究会が開催されましたし、また本日ご参加の先生方のお名前を拝見すると、この分野にお詳しい方が多いように見受けられますが、私のところでは、おさらい的な意味も含め、全体の総論として、消費者契約法の制定からその後4回の改正について概観し、消費者契約法の意義、とくに制定後に進展してきた点などを確認するとともに、残されている課題にどのようなものがあるのかを指摘したいと思います。課題の中には、解釈上の課題と解釈の限界を踏まえた立法上の課題というものがあると思いますが、本日は、要件事実研究所の講演会ということですので、いきなり立法論というよりはできるだけ解釈上の課題というところに重きを置いた形で組み立て、更にその先に立法上の課題も残っているというような形で整理をさせていただこうと思っている次第でございます。

Ⅱ　消費者契約法の改正の概観

1　消費者契約法の制定

早速ですが、消費者契約法の制定および改正の経緯という項目に入らせていただきたいと思います。レジュメの方では1ページ（本書90頁）の途中のところからということになります。ご存知の通り消費者契約法は2000年に制定され、翌2001年の4月1日から施行されました。

(1) 同法制定の意義

まず、同法の制定の意義を、簡単に確認しておきましょう。1900年代の消費者保護立法を見ますとその多くは行政規制法でございました。中にはもちろんクーリングオフなどをはじめとする民事ルールとして重要なものを定めた法律もあったのですが、それらの法律は適用対象が非常に限定的でありまして、その適用がない分野については、消費者被害の救済は基本的に民法に委ねられているというような状態でございました。

しかし、民法はご存知の通り基本的な理念としては対等当事者間の自由意思に基づく契約というものを出発点としております。もちろん民法でもそうではない格差契約についての配慮というのは解釈上行われうるところだとは思いますけれども、しかし出発点がそこにありますので、例えば詐欺や強迫の規定とかあるいは公序良俗の規定とかの適用は、要件上なかなかハードルが高いというような状況がございました。

そのような中、2000年に消費者契約法が制定されたわけです。その大きな意味を一言で申しますと、消費者と事業者との間の情報と交渉力の格差を正面から捉えて消費者契約一般に適用される民事ルールを設けたということにあります。そういう意味では画期的な法律だったと言えると思います。

⑵ 制定時の消費者契約法の内容とその機能

制定時の同法の概要も、簡単に確認しておきましょう。第1の柱としては事業者の不当勧誘行為により消費者が誤認あるいは困惑してなした意思表示につき、消費者の取消権を認めるというものであります。民法との比較においては、民法96条の定める詐欺または強迫による意思表示の取消しの要件を緩和するという意味合いがありました。

２番目は、消費者契約における不当条項の無効を規定した点でございます。民法では90条に公序良俗違反の法律行為を無効とする旨の規定があるわけですが、先ほども言及しましたように90条は契約自由の原則の限界を画するものという位置づけでしたので、その適用要件が厳格に解される傾向がありましたところ、消費者契約法は、その要件を緩和し、不当条項の無効の規律を明確化するという意味合いがありました。

以上に加えて、努力義務としてではありますが、事業者の情報提供とか明確な契約条項の策定等に関する努力義務を規定した点を挙げることができます。

これらの規定は、実際に一定の役割を果たしてきました。例えば誤認による取消権について申しますと、民法では詐欺による取消しの規定の適用には詐欺の故意が要件とされており、これを立証することはなかなか難しかったわけですが、消費者契約法の４条１項、２項で要件を客観化した規定が置かれ、その点で立証が容易になったということもございます。また、４条３項の困惑による取消しの規定や５条の媒介受託者に関する規定もあわせて、全体として取消権の行使が民法に比べると容易になったということができます。

不当条項の無効に関しても同様です。例えば、同法の施行後比較的初期に、同法に基づいて多数の学納金返還請求訴訟が提起され、最高裁の判決も出ましたが、その中で、民法90条の適用はなかなか難しいと考えられていたような条項が消費者契約法の適用によって無効とされ消費者の救済につながるということが示され、消費者契約法の存在意義が改めて注目されるということがありました。

努力義務規定に関しては、それがどういう役割を果たしうるかについて、後の議論でも取り上げる予定ではありますが、3条の規定には、情報提供義務違反による損害賠償責任等を下から支える機能が当初から期待されていましたし、一定そのような役割を果たしてきたのではないかと思います。

このように、消費者契約法の制定にはメリットがあったわけですが、一方で、既に制定時から消費者契約法にはなお残る様々な課題がありました。制定時は、このような形での消費者契約一般に適用されるところの民事法を設けるということ自体が画期的でしたから、中身としては不十分なところがあったとしても、小さく産んで大きく育てるということが目指されたのだと伺っています。

⑶ 制定時の課題

そこで主な課題ということでございますが、誤認による取消しの規定のうち、まず不実告知型については、対象となる「重要事項」が非常に限定的であったことに対して当初から批判があり、解釈論としてもこれを拡張するような議論が行われてきたところです。

また、不利益事実の不告知型については、主観的要件として「故意」が要求されていた点を指摘できます。これは確かに詐欺の故意とは違う意味合いだと解されていたのですが、それでもなお「故意」の立証が実際には難しく、なかなかこの規定が利用されないというような問題がございました。

それから、取消権については行使期間が非常に短いという問題も指摘されていました。民法の取消権の行使期間は、追認することができる時から5年、行為の時から20年なのですが、消費者契約法に基づく取消権については、当初はそれぞれ6ヶ月、5年として非常に短く設定されていました。これは、取消規定の要件が緩和されて取り消すことのできるケースの増加が予想されるところ、長期間にわたり取消権が行使されうるとすると取引の不安定を招くという考慮もあったのかもしれません。けれども、特に短期の方はかなり短い期間なので、本当にこの期間内で十分に権利行使の機会が保障されていると言えるのかというような疑問は当初から提起されていたものと思います。

それから、困惑による取消しについては、今日におけるところの4条3項の

１号と２号だけが当初はあったわけですが、類型が限定的だという問題がございました。

さらに、不当条項の規定についても、当初は10条の一般規定とともに、８条と９条で具体的な不当条項のブラックリストが規定されていただけだったのですが、この具体的なリストが２か条だけでは少なく、それでうまく機能するのかというような問題がありました。諸外国の中には、ブラックリストと並んでいわゆるグレーリストも設けられていて、それが一定の役割を果たしているという研究も既にあったのですが、日本ではブラックリストが貧弱なだけでなく、グレーリストというものがないということも、問題として指摘されていました。特に要件事実の面から言っても、そこは課題だということがあったと思われます。

そうは言っても、10条の不当条項の一般規定がうまく展開されれば、そのような問題も解消されたのかもしれません。ドイツなどでは、裁判所が不当条項の無効に関する判例を積み重ねて、それが約款規制法の制定に繋がったというような経緯があったと伺っています。しかし、日本では事情が異なり、消費者契約法の10条があっても、それがうまく使われないといいましょうか、特に10条の後段要件であるところの「信義則に反して消費者の利益を一方的に害する」というこの要件が非常に厳格に解されてきたために、なかなかこの一般規定において期待されたような展開が見られないという問題があったところでございます。

さらに申しますと、消費者契約法が制定された当時から、消費者団体訴訟が必要なのではないかということは指摘されていたように思います。消費者被害の特徴として、同種の被害が多数の消費者に発生するということ、しかも個々の被害は金額的にも比較的少額な場合が多くて個別に消費者が訴訟等を提起するということはなかなか期待しにくく、それが放置されると結局さらに被害が広がってしまうと、そのような問題が指摘されていました。

2　2006年改正の意義と概要

そのような問題があったところ、2006年にこの法律が改正されて、まず適格消費者団体による差止請求制度が導入されました。

⑴ 2006年改正の意義

この改正の理由は、今直前に申しましたように、消費者被害の特徴などに照らすと、消費者団体のイニシアティブにおいて被害の発生ないし拡大を防止する制度が必要なのだということにありました。本当は、発生ないし拡大の防止だけではなく、集団的な被害回復の制度も必要だということは当初から言われてきたのですが、そこについてはまだ検討すべき論点が多くあるので、2006年改正のときには、まずは被害の発生・拡大の防止のための差止請求制度を消費者契約法に導入しようということで議論がなされ実現されたということでございます。

とはいえ、差止請求制度も、従来の民法の差止請求権の考え方からすると、一段その枠組みを超えた新規性がありました。従来の民法上の差止請求権ですと、何らかの権利・利益が侵害されあるいは侵害されそうな人、つまりその被侵害利益の帰属主体が、その侵害を食い止めまたは侵害状態を除去させるために行使できる権利として差止請求権が一般的に認められてきたわけですが、この改正ではその被侵害利益の帰属主体とは別の適格消費者団体に実体法上の差止請求権を認めるということなので、そういう意味では画期的な意味合いを持っていたものと思います。しかも、この制度は実際に訴訟の内外において大きな役割を果たしてきました。

⑵ その後の消費者団体訴訟制度の展開

適格消費者団体による差止請求訴訟では、個別訴訟以上に、画期的な判決あるいは注目される判決を得たものが見られますし、それが後の消費者契約法の改正、例えば不当条項に関する改正に繋がったというようなものもあります。また、差止請求制度の影響は、訴訟だけではありません。むしろ訴え提起前の適格消費者団体からの申入れに事業者が対応してその改善が図られたというケースも多くあります。もちろんこの制度にも課題はあったのですが、訴え提起前も含めてかなり重要な機能を果たしてきたということができると思います。

ちなみにこの適格消費者団体による差止請求制度は、ご存知の通り、2008年改正により景品表示法と特定商取引法にも対象が拡大し、その後、2015年に施行された食品表示法にも対象が拡大しました。また、2013年には、先ほど申しましたような経緯でいったんは後回しにされた集団的な被害回復を目的とする制度が、いわゆる消費者裁判手続特例法の制定という形で実現しました。

(3) 課題

このように消費者団体訴訟制度が制度化され、少なからぬ役割を果たしてきたわけなのですが、要件事実との関連で申しますと個別訴訟と団体訴訟との違いを踏まえた運用が必要な場面もあるのではないかという点が課題でもあります。これについては、後ほど池本先生からもコメントという形でお話いただけるものと思います。

3　2016年改正の概要

このように、2006年は、適格消費者団体による差止請求制度の導入という改正はされたものの、いわゆる実体法ルールの改正はございませんでした。実体法ルールについては、ようやく2016年と2018年、そして本年2022年という3回にわたって、改正が行われました。

(1) 2016年改正の経緯

2016年の改正の経緯をかいつまんでレジュメ（本書95頁）に書いています。先ほども触れましたように、消費者契約法は画期的な法律ではあったものの、当初から課題が山積していたところでございます。

そこで実体法ルールについても見直しを図るということが早くから計画はされていたようでございますが、2009年に消費者庁が設置されることになりまして、しばらくはそちらに人的パワーも割かれてペンディングになりました。そうしたところ、2009年の秋からは法制審議会で民法の債権関係法改正の議論がスタートしまして、その検討項目には、民法の中に消費者、事業者の概念を入れるとともに消費者契約法に存在したルールを一般的な形であるいは消費者契約に特化した形で取り込むべきではないかという論点も含まれていました。

そこで、しばらくはそちらの様子を見ようということで、消費者契約法の実体法ルールの改正の検討はさらにペンディング状態になってしまいました。その後結局、民法にはそのような消費者契約ルールの取り込みがなされないということになりまして、それが確定した後に、消費者委員会の専門調査会で改めて消費者契約法の実体法ルールの見直しについての検討作業が本格的にスタートしたということでございます。まず、2016年の改正が行われ、それは当時把握されていた課題のうちの一部、そこまでに決着がついた論点についてまずは改正をして、残りの論点についてはその後引き続き検討をして2018年の改正に繋げるということで進められたものです。

⑵ 2016年改正の概要

2016年の改正の概要は、レジュメ（本書96頁）に書いているとおりです。取消規定については、不実告知に関して重要事項の範囲を拡大したこと、また、高齢者等を特に狙った次々販売とか過量販売といった問題が指摘されていたところ、特定商取引法の規定に加え、消費者契約法でも過量契約取消しの規定が新設されたということがございました。それから、取消権の行使期間のうち短期の方を１年に伸長するという改正もございました。

不当条項の無効についても、まず８条の２という規定が追加されました。また、10条の改正もありました。10条には前段要件として、民法や商法といった一般法の「規定の適用による場合に比して」消費者に不利益をもたらすという要件があり、この解釈としては従来から、民法や商法に具体的に明確な任意規定が設けられている場合だけではなくて、解釈上導かれるルール、つまり特約がなければ適用されるところの一般法理も含み、これと比べて消費者に不利益をもたらすものも含むと解されてきたところでございます。そこで、その解釈を前提に、この前段要件にあたるものの例示を10条の規定の中に追加したということがございました。

4　2018年改正の概要

⑴ 経緯

先ほども言いましたように、2018年の改正は、2016年の段階で積み残した論点について引き続き検討が行われて実現したものです。既に2016年改正までに行われていた議論に加え、2016年改正時の附帯決議なども踏まえて改正の議論が行われました。

⑵ 概要

2018年改正のうち、特に注目される点であり、かつ課題もその後残ったというものとして、取消規定のうち困惑類型について類型が追加されたという改正点を第1に挙げることができます。レジュメ（本書97頁）では❶から❻までとして書いているのですが、これらが4条3項に追加されました。

それから、2番目に誤認による取消しのうち不利益事実の不告知の類型について主観的な要件が今まで「故意」とされていたのですが、「故意または重過失」というように要件が緩和されたという改正があったことも指摘できます。

第3に、不当条項の無効についても、8条の3に具体的な不当条項の規定が追加されるとともに、8条や8条の2の脱法を禁ずるという趣旨で、事業者に自己の損害賠償責任の有無や限度を決定する権限を付与し、または事業者に消費者の解除権の有無を決定する権限を付与する条項についても同様に無効とする旨を追加する改正が行われました。

それから、さらに3条の1項のところに規定されていた事業者の努力義務規定の内容が明確化されたという改正もございました。

⑶ 2016年および2018年改正後の課題

このように二度にわたりいろいろな点について改正が行われ、当初の制定時の課題として挙げた部分の少なくとも一部はここで立法的な解決を見たところでございます。しかしそれでも課題がなくなったわけではございません。特に2016年と2018年の改正を経た段階の規定をみると、先ほど触れましたように4条3項に困惑類型が様々追加されたわけなのですが、しかしこれらは非常に限定的なある特定の場面を捉えて、しかもそれを要件的にはかなり厳格に絞って、そこに取消しを認めるという規定を困惑類型として置いたということでございました。つまり、その限定された型から外れると使えないというような体裁の規定になってしまいました。

そこで、つけ込み型勧誘による困惑の類型はこれに限らないので更なる充実が求められるということ、また、具体的な場面を捉えて困惑型の不当勧誘行為を列挙するというだけではどうしてもその要件をくぐり抜けるようなケースが出てきますので、受け皿規定が必要なのではないかということなど、問題提起がされていたところであります。

また、９条１項１号の不当条項の規定に関し、そこにおける平均的損害の立証責任については、条文の構造がそういうことになっているということもありますが、最高裁でも消費者が立証責任を負うのだと解されてきました。つまり、事実上の推定が働くことはあるとしても、立証責任の所在という意味では消費者がこれを負うのだとされてきたところでございます。そこで、それを受けて立法上、消費者の立証責任を緩和する方向での規定の改正が必要なのではないかということで、早くから議論があったところですが、これも2018年段階では大きな課題として残ったところです。

それから、不当条項の規定については、少しは具体的リストが追加されたものの、まだまだ諸外国と比較しても貧弱であり、さらなる追加が必要だということがあります。

さらに、先ほど言及した民法の債権法改正のところでは、民法の中に定型約款の規定が置かれたのですが、その約款については約款準備者が進んで事前に内容を開示しなければならないというルールにはなっておらず、相手方が請求したときに約款準備者が開示をする義務があるという構造になったところです。しかし、消費者契約において、消費者がその事前の開示請求をするということはハードルが高いわけでございまして、その点に対する一定の手当が必要なのではないかということも議論として残っていたところでございます。

5　2022年改正の概要

そして、それらの課題に関する検討を踏まえ、まさに本年、消費者契約法の改正が行われました。先ほどの冒頭のお話にもありましたように、昨日は、旧統一教会問題などを受けての霊感商法等に関する消費者契約法の改正の草案が公表されたところで、それを2022年の第２次改正と言いますと、本年５月25日に成立し６月１日に公布された第１次改正が、従来の課題の検討を踏まえたものです。この2022年第１次改正の概要は、レジュメ（本書100頁）に書いている通りでございますが、詳細は、その議論の経緯まで含めてこの後平尾先生からお話があると思いますので、私の方では、時間の関係もあり説明は省略させていただきます。

Ⅲ 2022年改正を経た消費者契約法の課題

ここで改めて、今までの一連の改正を振り返って、どういう課題が残っているのかということにつき、その主だったものをいくつか挙げさせていただきたいと思います。

最初に言いましたように要件事実研究所の講演会ということでありますので、まずは解釈論を中心に課題を考えてみましょう。

第１に挙げられるのが、３条の努力義務規定についてです。改正によって３条の努力義務規定が拡充されたわけですが、これを解釈上どのように機能させるのかというところが一つの課題となってくるのではないかと思われます。先ほど少し言及したところでもありますが、事業者の情報提供等については、一定の具体的な事情のもとでは民法上、法的な義務として認められ、それに違反した場合には民法の不法行為規定などに基づき事業者の損害賠償責任が導かれることもあると思いますし、それを３条の規定は下から支えるような役割を果たしうるのではないかと私自身は考えております。また、拡充された３条の内容に関していうと、事業者がこれこれの情報提供をすることについての努力義務を負うとされているところ、それをせずに事業者が後で不意打ち的な主張をしてきたときにはその主張が信義則上排除されるというような可能性もあるかもしれません。あるいは契約条項の解釈などにおいて、この努力義務規定の内容が活きてくるということもあるかもしれません。これらについては、後のパネルディスカッションでも取り上げたいと思っております。

２番目に、事業者から不当勧誘を受けた消費者の取消権のうち、特に困惑類型に関して言いますと、先ほども既にお話をしたところでございますが、困惑類型がだいぶ追加されてきたところではございます。しかし、これらは、具体的な被害事例を切り刻んでいるというか厳格な要件立ての下で条文化されているところでございます。そこで、もちろん立法論としてこれでよいのかということがあるのですが、解釈論としても、このような規定を活用していくために解釈としてどのような方向性が考えられるかということを検討する必要があると思います。これも後のパネルディスカッションで議論させていただきたいと思います。

3番目は、不当条項規定の課題です。特に9条の課題は別立てで記載していますが、それ以外に、10条の一般規定のあり方や、具体的な不当条項リストのあり方についても課題があるように思っているところです。まず解釈論としては先ほども言いましたように特に10条の後段要件について、裁判所では厳格に解釈される傾向がみられるところであり、そのこともあって10条が期待されたような法発展には繋がっていないということを指摘できます。全く繋がってないというわけではないのですが、期待したような機能は果たしていないというように言えるかと思います。そこで、10条の要件の解釈のあり方について改めて検討する必要があるように思います。これは解釈論のレベルということになりますが、立法論としても、現在の不当条項のリストがかなり限定的なブラックリストだけということ、だから10条も機能しにくいということがあるのではないかとも思われるところです。そこで立法論としては、この不当条項リストのあり方が今後の検討課題とされるべきかと思います。

4番目は、9条1項1号の平均的損害の立証責任に関してです。これはずっと長らく要件事実とも深い関連がある問題として指摘されてきたところでございます。2022年の改正では一定の手当が図られましたが、それはあくまでも9条2項、12条の4などに事業者の努力義務規定を置くという形での対応でした。そこでこの平均的損害に関する立証責任、あるいは立証負担という問題に関連して、これらの努力義務規定が設けられたことの意義がどこにあるのかということと課題を改めて検討する必要があると思います。これについては、すぐ後の平尾先生のご報告および後ほどのパネルディスカッションでも取り上げられる予定です。

さらに5番目として、個別訴訟と団体訴訟との関係についての課題を指摘できるのではないかと思います。従来、個別訴訟において裁判所では、被害救済のための契約条項の合理的制限解釈を行い、あるいはその延長線上でこれこれの内容の特約は成立していなかったとするなど、これも広い意味で合理的制限解釈ないし限定解釈ということができると思いますが、このような解釈手法が用いられることが多かったものと思われます。これは少なくとも民法に依拠せざるをえなかった時代には、民法で契約条項を無効とすることのハードルが高かったということもあり、救済されるべき事案について裁判所はこういう契約ないし契約条項の解釈という手法を用いて結論の妥当性を図ってきたと言うことができると思います。

そのような手法が個別訴訟において果たしてきた役割そのものが全て否定されるわけではないとは思います。しかし消費者契約法において、少なくとも差止請求訴訟においては、異なる考慮が必要なのではないかと思います。適格消費者団体による差止請求制度は、不特定多数の消費者の利益保護のために消費者被害の発生・拡大の防止を図るという制度でございますから、不明確ないし不透明な条項、場合によっては裁判所に行けば合理的な制限解釈がしてもらえるかもしれないけれども一見それがよくわからないというような不明確性を持った条項が設けられているとすると、そのこと自体によって消費者の利益が害されるということに繋がるのではないかと思うわけでございます。そういうことも踏まえて、差止請求訴訟における条項の合理的限定解釈の問題性が指摘されています。この点については池本先生から後ほどより具体的にご報告をいただけるものと思います。

6番目に、一部重なるのですが、全体として裁判所による法創造ないし法発展をどういうふうに機能させるべきか、またそれを支えるような解釈論として何か考えられないのかということが重要な課題かと思っております。これについては各先生方からそれぞれの論点で、あるいは後ほどの中田先生のご報告でも触れられることになると思います。

なお、最後に昨日閣議決定された本年第2次の消費者契約法改正の法案について、一言だけ触れておきましょう。先ほども言いましたように、4条3項の困惑類型については、類型的に拡充されてはきたものの、それぞれで非常に限定的な場面をとらえた厳格な要件立てがされております。霊感商法についても、既に4条3項の中の一類型として取消規定があることはあるのですが、それを少なくとも文言通りに捉えると、多くの被害事例はそれでは捕捉できないということになってしまいます。そこで、この度、霊感商法について要件や行使期間の見直しが必要であると考えられたものと思われます。

まず、取消権の行使期間の伸長についてですが、この種のマインドコントロール型の被害については現在の期間ではなかなか権利行使が難しいという問題提起があったものと思います。そこで、昨日公表された法案では、期間を少し伸張しようということで提案されており、それは意味があるかもしれません。けれども、6号の文言の改正案については、これで果たしてうまく機能するのか、私はなお疑問を感じるところです。これ自体大きな問題ですから、本日は深く立ち入ることはしません。ただ、この機会に、以下の点を指摘しておきたいと思います。

まず、今回の改正は、旧統一教会の事例を発端にしていろいろと議論されてきたところではございますが、改めてこれによって困惑類型の規定ぶりの問題性が露呈したといえるのではないかということです。また、取消権の行使期間については、霊感商法以外のものでも、少なくともマインドコントロール型のつけ込み型不当勧誘についても、同様の問題が存在しているのではないかと思います。これは今後の立法論になるかもしれませんけれども検討が必要だと思っているところでございます。

以上では、消費者契約法を中心に話を進めてきましたが、より広く消費者法をみると、消費者法分野で考えるべき問題は大小さまざまなレベルであります。その中でも大きなものとして、私は、より包括的な消費者取引法の可能性を見据えながら、消費者取引法の現代化や体系化を進めていくことが必要なのではないかという問題意識をもっているところです。実はこれについては来年の消費者法学会のシンポジウムでも取り上げる予定ですので、ぜひそのときにまたご教示いただければと考えている次第でございます。

以上で私の報告は終わらせていただきます。ご清聴どうもありがとうございました。

田村　鹿野先生大変にありがとうございました。続きまして平尾嘉晃先生、テーマは「2022年改正の概要と課題」です。どうぞよろしくお願いいたします。

［講演２］
2022年改正の概要と課題

平尾嘉晃　はい。弁護士の平尾でございます。それでは私の方からご報告をさせていただきます。

第１　取消権の創設

１　検討会報告書の内容（～立法趣旨～）

先ほど鹿野先生からご指摘があった通り2016年と2018年の改正ではまだ不十分な点がありまして、これに応えるべく2022年改正の議論がスタートしました。2018年改正の際の国会の附帯決議にもあるとおり、高齢者、若年成人、障害者等の知識、経験、判断力の不足など、消費者が合理的な判断をすることができない事情を不当に利用して、事業者が消費者を勧誘し、契約させた場合の取消権、いわゆるつけ込み型の勧誘に対する広い意味での取消権の創設が、2022年改正では求められていました。

これらの具体的な被害事案としては、例えば、高齢者、障害者では、社会問題にもなりましたが大手の生命保険の不当な乗り換えの契約の勧誘といったものもありますし、あるいは不必要な通信契約の勧誘、さらには不動産を不当に安い値段で売却させるような勧誘、さらに最近の被害としましては、高齢者施設入居に際して身元保証というのが求められるのですが、このことにつけこんで、身寄りのない高齢者に身元保証契約を勧誘するなど、こういった被害事例があります。

また、若年成年では、不安をあおるというわけではなくて、儲け話などで期待をあおって勧誘する、この場合は期待をあおって、「本来注意すべき価格や品質といった重要な事項から注意をそらさして、契約の本質部分を十分に検討させないかたち」で勧誘して契約に結びつける、こういった被害事例があります。

さらに若年成年に限らないのですが、誰もが一時的に陥る脆弱性とでも申しましょうか、ある一定の条件下では、熟慮ではなくて即断即決をするという人間の元々備わっている心理状態につけこむ勧誘被害の問題があります。

こうした被害事例に対応できるように不当条項規制を改めて整備しましょうというのが2022年の改正では求められていました。

2　改正法の内容

改正に先立って、2019年12月から2021年９月まで消費者庁において検討会が開催されました。私は委員としてこの検討会に参加しましたので、ご縁で今日ご報告させてもらっています。検討会の報告書というのは、2021年の９月にまとめられていまして消費者庁のホームページからも閲覧、ダウンロードできますので、詳細はそちらを見ていただければ結構ですが、取消権の創設に関しては三つの提言をまとめております。

(1) 困惑類型の脱法防止規定

まずは、脱法を防止する包括規定を、困惑類型に設けるという提案をしております。法４条３項の１号、２号、７号、８号、これが従前型の困惑類型と言われるものですが、これらは契約の内容や目的が合理的であるかどうかを問わず、本当は契約を締結したくないと考えている一般的な消費者であっても、結局、契約を締結してしまう程度に心理的な負担をかける、こういった行為を類型化しております。こういった心理的な負担をかけるというところに不当性の実質的な根拠があると考えられています。

しかし、これらの規定に列挙された行為に形式的には該当しない場合であっても、これらの不当性の実質的な根拠を考えますと、同様に扱うことが必要だと考えられる場合もあります。

そこでこうした四つの各号と実質的に同程度の不当性を有する行為について、脱法防止規定を設けましょうという、そういった提案です。

例えば、その場で勧誘から逃れようとする行動を消費者がとることを困難にする行為という形で類型化する。そういったことで、事業者の威迫による言動や偽計を用いた言動、執拗な勧誘行為を捉えるということが考えられると提案しております。

また、一定の要件に該当すれば不当性が推定されているのですが、正当な理由がある場合を除くといったように一定の評価要素も取り込んで、正常な事業活動を阻害しないように調整する、こういった内容の規定が提案されていました。

⑵ 心理状態に着目した規定

次に、人間の心理状態につけこむ勧誘に関しても提案がされております。

事業者が正常な商慣習に照らして不当に消費者の判断の前提となる環境に対して働きかけることによって、一般的な消費者であれば、その消費者契約を締結しないという判断をすることが妨げられる状況を作出して、消費者の意思決定が歪められたような場合、そういった場合の取消権を設けるという提案です。

この判断の前提となる環境に働きかける行為は具体的にどんな場合があるかといいますと、消費者の検討時間を制限して焦らせる、あるいは広告とは異なる内容の勧誘を行って不意を突く、さらには長時間の勧誘によって疲弊させるといった勧誘手法を組み合わせしたり、あるいはどれか一つを極端に強い形で用いる、こういった場合で消費者が慎重に検討する機会を奪う行為を捉えて取り消しの対象とするということが考えられました。

そういったものに対する取消権の創設を提案しております。こちらの取消権においても一定の要件に該当すれば不当性が推定されますが、正当な理由がある場合を除くといった規定の仕方、ある意味グレーリスト的なものになりますが、そういった要素も踏まえた提案をしておりました。

⑶ 消費者の判断力に着目した規定

最後に、高齢者、障害者の判断力の低下につけこむ勧誘に関する提案ですが、提案としましては判断力の著しく低下した消費者が、自らの生活に著しい支障を及ぼすような内容の契約を締結した場合における取消権という形で提案をしました。

先ほど紹介した検討会では、このような内容で2022年の法改正をすべき、国会の附帯決議に答えるという形でも最低限こういった形で改正をすべきという提案をしておりました。

しかしながら、実際の法文は、手続上内閣法制局というところの審査を通して出来上がっていくわけですが、その上で出来上がった法文は、極めて限定的な文言の付された取消権になってしまいました。

これまでの消費者契約法の改正でも、「要件」の明確性が求められ過ぎて、要件が必要以上に細分化されてきました。今回の改正でも同じあるいはそれ以上の細分化された法文といった現象が生じています。

しかし、もともと検討会報告書で明示されているような立法趣旨こそが重要であると思います。この立法趣旨に合致するように、「要件」についても規範的な解釈を及ぼすべきと考えております。

⑷ 改正法の解釈方針（検討会報告書の立法趣旨から）

そこで、まずは、2022年の改正法の要件の解釈指針について検討をして見ようと思います。

まず、新設の４条３項３号ですが、これは要件としては、①任意の退去が困難な場所、それから②当該契約締結について勧誘することを告げずに、それから③同行し、といった要件があります。

こういった要件がありますが、検討会で示された立法趣旨から考えますと、本当は契約を締結したくないと考えている消費者であっても、結局、契約を締結してしまう程度に心理的な負担をかける態様といえるかどうかを判断基準とするべきと考えております。

その点で考えますと、例えば、「同行し」という要件については、必ず一緒について行くまでは必要ではなくて呼び出し行為も含まれると考えるべきです。それから、当該契約締結勧誘を告げずにというところが問題になりますが、これも限定的に解釈していく、すなわち勧誘対象の契約の詳細まで説明していないと、告げたことにはならないというふうに解釈することなどが考えられます。

また、仮に、そういった解釈をしても目的が告げられていないとは言えない場合、あるいは同行があるとは言えない場合など、本号の規定に該当しないと解釈せざるを得ない場合もありますが、そういった場合であっても、そもそも任意退去が困難な場所で勧誘を受ける場合は、既存の要件、具体的には２号の退去妨害の事実が、事実上推認されやすいというふうに考えます。

従前の７号の修正がされたものが９号になっていますが、これはレジュメ（本書109頁）に記載している通りですのでご参照ください。

次に、心理状態に着目した規定、新設の4条3項4号になりますが、これの要件としましては、相談のための連絡を威迫する言動を交えて妨げるといった要件になっております。

しかし、この「威迫する言動を交えて妨げる」というのは、やはり立法趣旨から考える必要があるかなと思います。立法趣旨は一般的・平均的な消費者であれば消費者契約を締結しないという判断をすることが妨げられることとなる状況を作出し、意思決定を歪めたと評価できるような言動で足りると考えるべきです。

もともと、「威迫する言動」というのは、困惑類型の脱法禁止規定で例示として示されていたものなのです。本来、心理状態に着目した規定とは、あまり関係がないと言いましょうか、ちょっとずれるのではないかなというふうに思っております。

あくまで、消費者の意思決定が歪められたかどうかが重要です。そうして考えますと「連絡する意思を示したにもかかわらず」「連絡することが妨げられた」というような態様があれば、これに合致すると評価すべきです。

具体的には「連絡することを消費者にあきらめさせる」、そういった言動が事業者にあればそれで足りるというふうに解釈すべきです。以上が解釈の指針ということで示させていただきます。

3　評価

(1) 検討会報告書で目指した方向と改正法との乖離、その原因

検討会の報告書で目指した方向と内閣法制局の審査の上出来上がった改正法の内容では、食い違いが生じていますが、検討会では、ある程度、規範的な要件での取消権の創設が検討されていました。検討会では経済界からのメンバーも入っております。もちろん、経済界からは要件の明確化を求める意見もありましたが、最終的に報告書にまとめられた内容をみてもわかりますとおり、およそ評価の余地のない明確性というのは求めていないということが重要なところだと考えております。

それから先ほどちょっと触れましたが、検討会で提案した取消権というのは、一定の要件を満たせば不当性が推定されるけれども、正当な理由がある場合を

除くといった、ある意味グレーリスト的な提案もされておりました。

(2) 課題～規範的要件（一般的規定）と不当行為・条項リストの整備

消費者契約法の、今後の課題としましては、不当勧誘行為・不当条項規制においては、要件に該当したら即アウトといったブラックリストだけではなくて、規範的要件である一般的な義務規定、それから、そこからちょっと進んで一定の要件に該当すれば不当性が推定されるグレーリストなどを整備し、個別具体的な案件で柔軟な解決ができるような法律にしていく必要があると思っております。

これまでの消費者契約法では、不当条項に関しては一般規定として消費者契約法10条が存在し、かたや一部ブラックリストというのも存在しています。しかし、不当性が推定されるグレーリストが存在していないという問題があります。実は、今回の検討会ではグレーリストの充実化も検討されました。しかし、これも内閣法制局の審査上出来上がった法案では全て削られてしまいました。

次に、不当勧誘規定ですが、こちらはブラックリストともいうべき適用場面を極めて狭く限定した規定が存在しています。しかし、一般規定がそもそも存在していません。また、グレーリスト的なものも存在しておりません。繰り返しになりますが、検討会ではグレーリスト的なある意味規範的要件を組み込んだものを提案していたのですが、内閣法制局の審査では全て骨抜きにされて、ブラックリスト的というか、およそというと語弊がありますが、評価規範としてはなかなか使いづらいものが条文になってしまいました。

消費者契約法というのは、行政法規といったような事前規制型の法律ではありません。事後的規制型の法律と捉えるべきで、そうだとしたら、個別具体的事例に即して裁判所が妥当な判断を行えるように、一定の抽象度を持った規範的要件を取り入れて、裁判所の判断の解釈指針となるグレーリストなどもさらに整備をしていく、そういった作り方をしていく必要があると今回の改正の現場を見て強く感じた次第であります。

(3) 課題～判断力の不足に関する規定の創設

最後に、判断力の低下につけこむ勧誘に関する規定ですが、これは規定化が一切されておりません。

これは国会の附帯決議の重要な要請だったはずですので、規定化を一切しないというのは国会からの要請を一切無視するというものでありまして、これは大きな問題ではなかろうかと思っています。

なお、検討会報告書の内容をベースに、条項案を作成するとなると、レジュメ（本書111頁）でもこんな形になるのではないかというのを記載しておりますので、またご参照ください。

ただ一点ですが、検討会が提案した法案は、実は、「判断力の低下」に「著しく」という要件を加えたり、「生活の状況の支障」にも「著しい」という要件を加えるもので、要件があまりに狭すぎるといったものになっています。

より高い判断力が求められるような行為や契約類型といったものも考えられます。例えば、冒頭にも述べましたが①生命保険の被害や投資取引被害の場合のように、取引の仕組みなどを理解した上で自分の利害得失を認識しにくい契約類型というのがあります。さらには②身元保証契約のように内容が極めて複雑な契約類型、それから③初回は無料と強調する広告をしておきながら実は定期購入契約で解約できないといった契約、今結構問題になっていますが、このように意図的に判りにくくされた契約類型、あるいは④「不動産その他重要な財産」、これは保佐人に関する民法の13条１項３号に規定がありますが、そういった契約類型については、やはりある程度高度な判断力が求められますし、生活に「著しい」支障という要件を加えては、やはり救済できる範囲が極めて限定的になってしまいますのでこういった契約類型については、「著しく」や「著しい」といった要件を外すといった枠組みの法律案にしていくということが必要ではないかと考えております。

つけ込み型の勧誘に対する取消権については今言ったとおりの状況でございます。

第２　立証負担の軽減（積極否認の特則）

次に話題を転じまして、立証負担の軽減の方に入ります。

そもそも、９条の問題というのは平均的な損害の定義が問題になりますし、それとともに、なぜそれを超えることを、特約を作成した者ではなくて、算定根拠の資料も持ってない消費者に証明責任が負わされるのか、これが問題の本質ではあります。2018年の改正の際の国会の附帯決議でも、その点が問題だということが明記されております。

ただ、政策的な要請もありまして、そこを議論しだすと時間が足りないということで、とりあえず、喫緊の課題としまして、現行法を前提に立証負担の軽減をどうするかというのが今回の改正ではテーマとなりました。

1　改正法の内容

具体的な改正法の内容はレジュメ（本書112頁）に記載しておりますので、ご参照ください。

ここで重要な指摘としましては、法文では算定根拠に営業秘密が含まれる場合を説明義務の例外として位置づけています。しかし、検討会の報告書では、営業秘密であれば何でも例外に当たるとは考えておりませんでした。そのことが重要ですので、ちょっとその点に触れさせていただきます。

2　検討会報告書の内容

検討会の報告書の内容を紹介いたします。

「平均的な損害」の額に関する違約金条項が効力に係る訴訟において、事業者が、その相手方が主張する「平均的な損害」の額を否認するときは、事業者は自己の主張する「平均的な損害」額とその算定根拠を明らかにしなければならないという規定、いわゆる積極否認の特則を設けるという、これが大きな枠組みの提案です。民訴法の規則で否認する際にはその理由を述べなさいということが現行法でもありますが、これをより強めた規定ということで、否認する場合の特則という意味で積極否認の特則という単語が使われています。

ここから先が重要なのですが、積極否認の特則の利用主体は営業秘密保護の観点から、秘密保持義務を課されている適格消費者団体などに限定するという枠組みになっております。実際にも、「平均的な損害」の額及びその算定根拠には、粗利率、原価、再販率などの情報が含まれており、当該内容を用いて立証活動を行うには相応の専門性と労力負担が求められるため、適格消費者団体などに利用主体を限定することが現実的であると考えられる。

このように検討会の報告書では、利用主体を、適格消費者団体などに限定する代わりに、粗利率、原価、再販率などといった類型の営業秘密については、それが「平均的な損害」の額を算定するにあたって必要であれば、訴訟において明らかにされるべきということが予定されていました。

3　評価

「営業秘密」に対する配慮については、このように、すでに、利用主体の限定あるいはこの規定が適用されるには疑うに足りる相当な理由という要件がありまして、それの立証もせねばなりません。こういったハードルが課されています。そうだとしますと、多種多様な「営業秘密」のうち、そのすべてが、ここでいう「営業秘密」、「正当な理由」に該当するわけではないという解釈をしなければならならないと思います。

例えば、「技術上の情報」特許に関わるようノウハウといった情報や、それから「営業上の情報」の中でも顧客リストといったものは秘密保護性が高いかもしれませんが、それらには該当しない粗利率や原価や再販率などは、形式上「営業秘密」には該当するとしても、違約金の算定根拠にした以上は、「正当な理由がある場合」に該当しない、例外に該当しないと解釈すべきだと思います。

実際にも、このように考えないと、今回この規定を作った意味が全く失われていることになります。失われるどころか明らかにしないことのお墨付きを与えてしまうことになってしまいます。現状よりも後退するような話になりかねませんので、ここは立法趣旨、検討会の検討状況から考えましても、「営業秘密」というのは一定の制限が加えられる、該当するものは一部にとどまるといった解釈がされるべきところでございます。

第3　努力義務の位置付け

1　改正法

2　評価

最後に、努力義務の位置づけについて若干お話しようと思います。

消費者契約法の定める法的効果というのは、「取消」と「条項の無効」という比較的、影響力が大きいものです。そうしたこともありまして、これまでの消費者契約法改正の過程では、「要件」の明確性が求められてきました。法的効果が強いがゆえに、要件が細分化されていったといった過程があります。

そして、「取消」や「条項の無効」といった法的効果に直接結びつくことはできないのですが、でもやはり消費者契約の規範としては、これは重要でしょうという内容については、実は３条の努力義務という形で条文化されてきました。

今回の改正でもそういった形で重たい法的効果を出すわけにはいかないけれども、規範としては極めて重要なものが、全て努力義務として、どんどん新しく作られていった。こういった経過をたどっていきました。これを裏返してみれば、今回の改正で多くの努力義務が条文化されたのは、これらの内容が消費者契約における重要な規範であるということが改めて確認されたものと理解することができると思います。

そうしますと、努力義務であっても法文上書かれている義務という意味では法的義務ですので、努力すらせず放置しているような場合には、法的義務違反（注意義務違反）ということになりまして、民法の信義則、あるいは709条の不法行為を通じて、義務違反に対して法的効果を認めることができますし、その視点が今後はより一層重要になっていくと考えております。

繰り返しになりますが、努力義務であるということは、「取消」や「条項の無効」という法的効果に直接結びつけることはできませんといった意味にすぎないのです。それだけの意味でありまして、それ以外の法的効果を否定するものではないと思います。そのため、「取消」や「条項の無効」とは異なる形、例えば、契約の拘束力からの解放を信義則違反から導くといった構成や、不法行為を媒介して損害賠償を認め、原状回復的損害賠償や代金の一部返金など、取消ではありませんが似たような法的効果に最終的には結びつける、一部取消みたいな形にもなるかもしれませんけれども、個別具体的な事案に即した柔軟な解決を図ることが可能ですし、そういったことを今後は模索していく必要があると考えております。

また、これまで第３条に規定された努力義務というのが比較的抽象的なものだったのですが、今回の改正はその義務として求める内容がかなり詳細、具体的になっております。

特にレジュメ（本書113頁）にも記載しておりますが、①定型約款の表示請求権の情報提供義務、あるいは②解除権の行使に対する情報提供義務、これらは内容が極めて明確なものであります。義務違反というのも明確にわかるものとなっています。そうしますと、こういった義務を努力すらせず放置していたら、直接的にその条項を契約内容から排除するとか、あるいは解除の場面で言いますと契約の拘束力からの離脱を認めるという効果を認めていいのではないかというふうに思っております。

第4　結びにかえて

最後になりますが、消費者契約法は、3次の改正を経て、現在の形となりました。

まだまだ虫食い状態の規定と思われますが、改正の中で見えてきたものもあるかなと思っております。すなわち、努力義務から一般的規定、次にグレーリストで、さらに進んでブラックリスト、こういったものは法的効果が0か100かといったものではなくて、ある意味連続したもので、ただ法的効果に強弱があるという位置づけで捉えるべきではないかと考えております。

まず、一般規定ですが、これは不法行為や信義則違反の内容となります。その上で、一定の要件を満たせば違法性が推定されるもの、グレーリストと言われていますが、あるいは一般規定の解釈指針となるようなリスト、こういったものを整備していく。

さらに進んで、これはもう社会的にアウトでしょと言われるものが出てくれば、ブラックリストとして規定していく。

こういったある意味段階的な構造で消費者契約法を構築していくということが今後は必要ではないかと考えております。

また契約を時間軸で考えると、契約締結前の段階では、情報提供があったり、表示の問題が出てきたり、条項の明確性の原則などもあります。さらには、契約を締結した後の義務の履行の過程や、それから最後に解除する場合の問題、こういった契約のいろんな段階で一般規定を整備して、さらには一定の場合にはグレーリストやブラックリストというのを作り込んでいく。こういった全体的な地図を頭に思い浮かべながら、消費者契約を再構築していくということも必要かと思います。

また、2018年改正では、第３条第１項第１号に「解釈に疑義が生じない明確なもの」とする努力規定が加えられました。今回の改正では、賠償責任の一部免責条項に関する不明確条項に限定されていますが、この内容がブラックリストという形で努力義務から格上げされました。サルベージ条項と言われているものですが、これはこれまでの不当条項とはちょっと性質が違っていまして、明確性の原則から現れてきたものと位置づけることができます。

繰り返しにはなりますが、消費者契約を情報提供や、表示の段階、勧誘の段階、それから条項の中身の問題、さらには履行の過程、解除の場面というように時間軸あるいは縦軸でみていき、それぞれの場面において、横軸として一般規定を置いたり、グレーリストや、それから解釈指針リスト、それからこれはやったらだめという禁止規定リストを置くというふうに考えて消費者契約法を今後発展させていく必要があるかと思います。

そうしてみますと、今、何ができていて何が足りていないというのが見えてくるのではないかと思っております。

以上で私の報告を終わります。

田村　平尾先生、大変にありがとうございました。続きまして、中田邦博先生、テーマは「消費者契約の解釈と消費者契約法の意義――裁判官に期待される役割」です。よろしくお願いいたします。

［講演３］

消費者契約の解釈と消費者契約法の意義――裁判官に期待される役割

中田邦博　龍谷大学の中田です。私は民法を専門としておりますが、消費者法も研究しているということで、今日鹿野先生、そして田村先生のお誘いを受けて報告させていただくことになりました。

今回の報告は、実践的な要件事実論からはちょっと遠い話になるかもしれません。むしろ、立証責任を考えるときの基本というか前提になるようなお話ができればと考えています。もっとも、具体的な問題についてもできるだけご紹介することにします。

Ⅰ　はじめに

今日は、表題のテーマの下に三つほど個別の論点を設定しています。レジュメ（本書117頁）をご覧ください。①消費者契約の解釈、②消費者契約を締結する過程の規律、そしてもう一つは③不当条項審査です。

最初に、なぜ表題のようなテーマ設定としたのかといいますと、不公正な消費者契約のコントロールをしていくときには、まず裁判官、司法というものを機能させることが必要ではないか、裁判官を機能させるという言い方はちょっと失礼かもしれないのですが、裁判官がその役割を担っていること、それが重要であることを強調したいがために、そのような表現を使いました。そして、立法には、まさに裁判官にそうした活躍をしてもらうための権限を与えるものでなければならず、またそれが求められているのです。そこで、そういった規定の作り方についても検討します。

さらに、この三つの論点を比較法的な観点で、特にヨーロッパ法、そしてドイツ法の視点を踏まえながら、考えてみます。レジュメにはかなり盛りだくさんの内容を記載しており、全部を取り上げることができないので、細部については適宜レジュメをご参照いただきたいと思います。

Ⅱ　消費者契約の解釈

1　問題の所在

まず、契約解釈についてです。契約をしたときにどのような内容の契約が成立するかは、契約の解釈という作業によって判断されることになります。契約の解釈の出発点は、契約書＋約款です。その内容で、基本的に契約内容が確定されます。

その際に、契約書にないことは存在しないのだというようなことが主張されることがあります。しかし、そういう見方でよいのでしょうか。疑問があります。

そこで、契約の解釈において消費者契約の締結に至る事情を考慮できるのか、それが必要なのか、ここでは広告とか事業者の口頭での説明が、契約の内容に入るのかを検討します。

これについては無線データ通信サービスの広告等における通信制限が問題になった裁判例を取り上げます。これは私も判例評釈で取り上げたことがあります。またカライスコス先生も判例評釈を書かれています。

2 裁判例

WiMAXという通信サービスの通信制限の事例で、通信事業と代理店事業を営む事業者Y1と消費者Xとの間のサービス契約があり、それに3日間で3ギガバイトの通信制限が付されていたケースです。通信制限を超えた場合には通信速度が制限されるとの約款がついていたのですが、実際にXが利用してみると、こうした制限が容易に課されてしまう、また通信速度が遅くて思うような利用ができない状況に陥ったのです。

Xは、こんな契約していても仕方がないので、これを何とかしたい、ということで争いになりました。そこでは、内容的にギガ使い放題プランとされていた広告があり、販売店での説明でも事実上制約がないとされており、Xもそのように契約内容を認識していたのに、実際はそうではなかったのです。Xの利用の仕方では、多くの場合に通信制限を受けて、サービスとしては無制限ではないので使い勝手が非常に悪いので、代金の返還を求めたのがこのケースです。

判決の要旨を簡単にまとめますと、裁判所は、約款に書いてある通信速度の制限を実施すること自体は、それがユーザー間の利用の公平さを確保する観点からは必要であると一応認めつつも、事業者が使い放題とか通信量の制限なし、高速というような利便性のみを強調して、それで消費者に過剰な期待をさせていたのは誇大広告に当たるものとして「獲得すべきでない顧客を獲得してまでシェア拡大を目指すような広告・説明は社会的に許されないものというべきである」とかなり厳しく指摘しています。

判決は、こういう内容は重要事項であって事実と異なることを告げたことになるとして不実告知を認めて、同時にそれは不法行為だとしてその原状回復的な損害賠償を認めることで、解除と同じような結果を導き、実質的には代金の返還を認めたのです。

3　検討

この裁判例は少し前の事案です。当時は、違約金条項を不当条項と判断できなかったという事情も、判決が損害賠償の請求を認めることを導いたのではないかとは思います。おそらく、今だったら、この種のデータ通信契約では、法的規制が強化され、違約金を払わずに比較的容易に契約を中途解約できることになっているからです。判決のように、違約金の支払いを回避するために損害賠償という法的構成をとらなくてもよいのです。

この判決の判示内容については、契約の解釈の観点からみて次のような意味があります。消費者契約の内容確定に当たっては、契約書の内容だけでなく、消費者が契約の締結に至った意思決定のプロセスを、その事情を含めて丁寧に消費者の目線から吟味することが必要であるということです。この判決は、広告内容や事業者の説明に着目しており、その意味で消費者目線に立ったものと評価できます。契約解釈の手法の一般的な理解によれば、契約書を作成した者の相手方、消費者の目線から契約の内容を確定することが必要になります。

そして、本判決は、事業者による説明を重要事項の内容として認めています。つまり、そうした広告や説明の存在が認定できれば、それを契約の解釈を通じて契約内容に取り込むことができることになります。そうすると、このような形で確定された内容が実現されない場合には、事業者の債務不履行の問題、契約不履行の問題として捉えることができます。裁判官は、こういった事情を取り込んで契約内容を確定しているわけです。そのような視点から、現在の民法・消費者契約法の問題点を指摘したいと思います。

まず、契約解釈の準則についてです。こうした準則は、2017年民法改正の作業において、民法に規定する内容として中間試案で示されたのですが、結局のところ採用されなかったのです。先ほど言ったような契約書に書いてないことをいつも考慮するのか、そんなことをしていたら実務はうまくいかない、という反論があったようです。個人的にも、民法に契約解釈の準則についての規定がないことは問題だと思います。また、先の講演の中で説明がありました消費者契約法にも、本来であれば、不明瞭準則というような契約条項、契約内容を明確にしていくための規定が必要なのですが、それも、消費者契約法では第3条の努力義務に留まっていて、どうも法的効果が明確でないところがあります。

さらに、その事業者側の広告とか宣伝というものが契約内容に原則として取り込まれるという当然のことを定める規定もないままです。

なぜこのようなことをいうのかについて、次に、『ヨーロッパ契約法原則』のいくつかのルールを参照しながら、それとの対比でご説明します。レジュメ（本書120頁）をご覧ください。

4 比較法

『ヨーロッパ契約法原則』は、ペクル（PECL）と呼ばれているのですが、それはPrinciples of European Contract Lawの略称です。PECLとは、デンマークの比較法学者であるオーレ・ランドー教授の指導のもとに作成された契約法のルールです。そのコンセプトは、ヨーロッパに共通するルールをまとめています。そこには、もちろんまとめただけではなくて、ちょっと将来を見据えたような、こうあるべきだという未来志向的な規定も入っています。つまり、それは、ヨーロッパの各国の契約法の現状を分析した上で、こういったルールが共通のものとして考えられるのではないかという提案も含んだ研究の成果です。

これはヨーロッパだけではなくて、日本においても民法改正のときに考慮される比較法の参照条文として挙げられており、そのようなものとして利用されました。

ここではPECL 5章の101条の解釈指針をみてください。レジュメの当該箇所に下線部があります。そこでは、契約を解釈するに当たってはこのような事情を考慮しなければいけないとして、(a) 契約が締結された際の諸事情。契約準備段階における交渉も含む。(c) 契約の性質および目的、そして、(g) 信義誠実および公正取引という考慮要素が入っています。

さらに、解釈準則として、「個別に交渉されなかった契約条項の意味について疑いがあるときは、当該条項を持ち出した当事者に不利となる解釈が優先されなければならない」と定めています。二義的な、多義的な条項があれば、あるいは複数の条文があってどっちが優先するかよくわからないようなときには当該条項を作成した当事者に不利に解釈されるとするルールです。この「作成者に不利に」の原則はヨーロッパ各国で認められている考え方です。

PECL 6章の契約上の債務を生じさせる表示という見出しの規定があります。個人的には、非常に面白い規定だと思っています。ここでは当事者の一方が行った広告とか、あるいはその説明がされている場合には、それらは契約の内容になるとした規定です。事業者の広告あるいはそれと関係する、例えば契約当事者ではない、別の通信事業者が広告をしている場合、つまり第三者の広告であってもいいので、そういったものが契約の内容に原則として取り込まれることが明確に示されています。もちろん条件がついていますが、これが一つの手がかりになって消費者は、広告内容の契約への取り込みを主張できることになります。約款ないし契約条項を作成する者がすべきこと、それを受け取る側（消費者）の立場も考慮して、契約内容のあり方をきちんと法律に規定しておく姿勢が示されていることがわかります。

例えばこの規定を前提に考えてみますと、ギガMAXが通信無制限であるとする広告がされていると、代理店ではなくて、もちろんその通信サービスを提供する通信事業者がすることが通常ですが、契約前に、一般的にそういった広告がされているのであれば、代理店が締結する契約の内容にも原則として広告内容が反映されることになります。

これによれば、消費者が理解したギガMAXの内容で通信サービスを提供することが契約内容になることが推定されます。もちろん約款に打ち消し表示的な、制限がありますといった条項があったとしても、当事者において契約の中で合意されていることが優先されることになります。場合によっては、消費者目線から、個別合意として認定も可能な場合もあるでしょう。あるいは、他の条項との関係でそういった制限をする約款条項は不意打ち条項であるとして、効力を奪うこともできます。こうしたあり方がすでに共通ルールとして示されているのです。私たちもこうしたPECLの規定から市場のルールを学ぶことができるのではないでしょうか。

Ⅲ　契約締結過程の規律の在り方について

1　問題の所在

次に、契約締結過程の規律についてみていきたいと思います。一連の契約締結過程において不当な勧誘があった場合には消費者契約法の規律によって救済できることになっています。しかし、そうした救済がうまくいってない場面もあります。そこで、不法行為による救済のメリットも確認した上で、この問題について考えてみたいと思います。

2　裁判例

レジュメ（本書122頁）の裁判例をご覧ください。これは開運商品を繰り返し購入させたという販売の事案です。その詳細は私の評釈をご覧いただきたいのですが、この販売店は、皆さんがよく訪れるショッピングモールにあるようなお店です。私は、この事例を検討したときに、ああそうなのか、悪徳商法は、私たちの本当に身近にあるところにあるのだと思いました。

原告Ｘは一般消費者で、Ｙはアクセサリー等のデザインをしている会社です。Ｙは、天珠と呼ばれる天然石を加工した商品を販売しています。ここでの取引の特徴は、３ヶ月ぐらいの間にこのアクセサリーを次々と販売したということで、７回の契約が締結されています。３ヶ月で400万円、よくあるパターンですが、クレジットを組んで購入させられています。概要はこうです。Ｘは契約をなかったことにしたいと考えており、まずは最後の７回目の契約についてはクーリングオフを使っています。これは認められています。

ところが、最初の契約から６番目まではＹが解約に応じないのでどうするかが問題となります。Ｘは、不法行為に基づいて損害賠償の請求をしています。このような契約によって損害を被ったとの主張です。ここでは契約の存在を前提にしながら、それを全体として捉えて不法行為という法的構成を取ったというわけです。

判旨についてはレジュメに委ねますが、商品１、２は有効な契約として認めて、３以降は不法行為になる違法性があるものとして区別したのです。その結果、こうした判決になったのです。

3　検討

判決は３から６までの契約だけが違法だとしたのですが、それだけでよいのか疑問があります。むしろ、私はこれらの一連の契約を全体として捉える必要があるのではないかと考えています。

これは開運商法ですが、人の軽信性につけ込んで商品を販売する手法です。多分気が弱いのか押しに弱いのかよくわかりませんが、事業者が、相手方の状況を上手く利用して、そして契約をさせているケースです。契約の有効性を個別に判断するのではなく、全体として違法性を帯びているとみたときには不法行為アプローチはきわめて有効です。それぞれ契約の内容の細部に立ち入ることなく、全体として不法行為性ないし違法性を認めることができるからです。

ただ、ちょっとこの判決で残念だったのは最初の二つの契約は有効性を認めてしまっていることです。なぜかというと、それぞれの契約を個別に、つまり1個ずつ、例えば取消原因がある、あるいは違法性があるという形で認定をしているのです。ある時点から違法性を帯びる取引になるとすると、その違法性を、それ以前の契約に及ぼすことができないことになります。おそらく契約を個別に判断するという契約法的な考え方がこうした認定に反映しているのではないかと推測しています。しかし、それでは問題を捉えきれてないように思われます。最初の段階での契約は、後のつけ込み型の違法な取引のための情報を収集していたとみるべきであり、不公正な取引への呼び水です。ここでは、1から7までの契約を一連の組織的な行為であると一体的に捉えて、これらの取引モデルを全面的に否定することが必要です。言い換えれば、すべての契約について全体として違法性を認定することが求められています。私は、そのような形で捉えることが必要となる事案だったと考えています。そのための理論が、不法行為法理になるのか、それとも公序良俗論なのかはなお議論の余地があると思われます。

4　比較法

これを契約法で捉えたらどうなるのだろうか。先ほどの PECL 4章の有効性のところに、次の規定が用意されています（本書123頁）。過大な利益取得または不公正なつけ込みに関する規定です。

これは取消しという効果を与える形になっています。ヨーロッパ各国の民法典では、二つの方向性がみられます。一つは、強迫という形で、不当な影響を与えていることを捉えて強迫類型の拡張として契約の効力を取消しによって奪うというやり方があります。もう一つは、他の先生のご報告のなかでも出てきた、公序良俗違反の観点です。それによって、こういった契約の効力を奪い、無効とするものがあります。

PECLでは両者の傾向を考慮したうえで取消しという形にしています。PECLの取消しについては、また別の機会に扱うことにできればと思いますが、かなり長期の取消期間の設定を可能にしています。ともかくこういう形で一定の事情があったら取消しできるないし無効とすることができることを明確に示しています。PECLでは、この問題は、消費者法の問題ではなく、民法の問題として扱われていることに注目しています。PECLは、民法規範においてこういった状況に対応する規定を置くことができることを、またそうした状況についての解決が用意されていることを示しています。

それによれば、「相手方に依存し、または相手方と信頼関係にあった場合、経済的に困窮し、もしくは緊急の必要があった場合、または、軽率であり、無知であり、経験が浅く、もしくは交渉技術に欠けており、かつ」、相手方がこのことを知っており、「当該契約の事情および目的を考慮」して、そして「著しく」、これは社会通念上許されない仕方で、という意味と理解してよいと思いますが、「不公正な方法で当事者の状況につけ込み、または過大な利益を取得した場合」には、契約の効力はないと定めています。

裁判官が、こういう条文を見て、一連の契約によって、相手方がつけ込み型の不公正な取引を行ったと認定できると判断し、この規定を利用してすべての契約を取消しできるとすると、うまく問題を解決できるのではないかと思います。

Ⅳ　不当条項審査（約款）の問題点――ドイツの不当条項審査との比較から

1　日独における不当条項審査の比較

次に、不当条項規制について取り上げます。この論点については、もうすでに今日のこれまでのご報告の中で、消費者契約法の不当条項審査の規定の内容が十分ではないとのご指摘があったかと思います。そこで、私の報告では、もう一度原点に戻ってこの問題を考えてみます。

⑴ 日本法における不当条項審査

まず日本法における不当条項審査に関係する条文をレジュメ（本書124頁）に挙げております。民法の規定、消費者法の規定のいずれにも問題があることが指摘されています。

民法改正の議論が終わった頃、ある学会のワークショップで「定型約款」が取り上げられました。そのときに、報告者の先生方が民法の定型約款の規定は美しい条文ではないと指摘をしたところ、民法改正の立法に関わっていた先生方から、消費者契約法だってそれほど美しい規定ではないとの反撃があり、議論が白熱しました。私も、両方とも、たしかに美しくない規定であると感心しながら聞いていました。それには、いろいろな理由があるのですが、ここでは、ドイツ法との比較で考えてみます。

⑵ ドイツ法における約款審査の構造

ドイツ法は、実は、約款規制を検討するときに非常に重要な比較法の対象となります。ヨーロッパ各国のところでもドイツの約款規制の成果を見ながら各国で民法典の中にそれを導入していくことが行われ、またEU法がそれを指令の内容に取り込んだことで、その普及が促進されました。この意味で、ドイツ法はそうした規制の出発点となったものですので、その手法は検討しておく価値があると思います。

まずは、ドイツ法の規制の構造ですが、それは、約款の定義から始まります。約款とは何か、それをどのような場合に契約の中に組み込むことができるのか、そして契約の中に取り込むことができないような条項はどういうものか、あるいは契約条項をどのように解釈するのか、それらはヨーロッパの伝統を踏まえながらの規定となっています。そして、内容審査も定められています。立法化される前段階では、ドイツの裁判所が不当な契約条項の審査を行っていたので、それを踏まえた立法化ということになります。

当時、既に判例の蓄積もあり、それを反映させた形で不当条項性を判断する基準もリスト化されて挙げられています。今日も議論があったところですが、グレーリスト、ブラックリストという形の規定です。グレーリストの条項は不当性判断の基準とされて、それに該当すると不当性が推定される場面が規定されています。ブラックリストは最初から使っちゃ駄目という意味での禁止規定であり、それに該当すると直ちに無効となる、そのような形になっているものです。

この二つの形態のリストは、いずれも、事業者間では契約の自由が強く働くことを考慮して、直接的には適用されないことになっています。もっとも、事業者間契約でも、これらの規定は、事実上、リストのような機能をもつことなども指摘されています。また、ここではふれませんが、いくつかの例外もあります。

ところで、ドイツの債務法改正前は、これらの規制は、約款規制法という形で特別の立法で定められていました。また、当時は、実体法の部分と差止めの手続法の部分が両方組み合わされたものとして存在していました。これらは契約法の重要な部分として2002年債務法の現代化を行う改正によって民法典に取り込まれました。

日本の消費者契約法制定の前に、1996年頃でしょうか、弁護士さんと一緒にヨーロッパに調査旅行に行ったときに、このドイツの約款規制法でこんなことをやっているのだということに興味をもって、実施状況について、ドイツの教授、弁護士や裁判官にインタビューを行いました。そこで、その内容を聞いてすごいなとみんなで感じ、こういうものを作らなきゃいけないと勇気をもらったことがありました。その旅行にもご一緒した消費者契約法の制定のための運動をしていた弁護士さんのお一人が、このドイツの約款法について解説した石田喜久夫編『注釈ドイツ約款規制法』について、この成果は鹿野先生も私も参加していた共同研究ですが、これは日本での不当条項規制を提案する際のバイブルだと言っていただいたのをとても嬉しく思ったことがあります。できればこの本も参照してみてください。

2　BGB の約款規制に関する基本規定

約款規制の手法は、ヨーロッパで普及しています。このことについては、宣伝になって恐縮ですが、ハインケッツ（潮見佳男・中田邦博・松岡久和訳）『ヨーロッパ契約法 I』に叙述がありますので、参照していただければと思います。

本報告では、十分に紹介する時間がないのですが、BGB の規定内容は、レジュメ（本書125～126頁）にも書いております。組入れ要件があって、不意打ち条項があって、内容審査があるという流れで規定されています。内容審査については後で触れることにします。

3　比較法的考察

(1) 規制の構造の比較

比較法的に考えてみたいと思います。日本法では約款規制については、民法と消費者契約法に別々に規定が置かれています。消費者契約法は、契約の条項規制なので約款規制ではないという捉え方もないわけではありませんが、ここでは「約款」という形で一緒に捉えておきます。

不当な約款規制については、民法の規定では組入れ要件的な説明の仕方をしていて、他方で、消費者契約法では明確に内容規制です。消費者契約法の規制の仕方が私は正解だと思います。消費者契約法は、ヨーロッパの伝統と同様に、条項規制を内容審査として捉え、かつ裁判官がその判断に責任を持つことを明確にするものと考えています。

ですから、日本法では民法と消費者契約法で、同じ問題を、違った手法で規制している形になっています。実質は、同じだと言うのですが、定型約款という用語も含めて、市民にわかりにくくなっていると個人的には思っているところです。重要なところを曖昧にするのは日本の立法の大きな問題点です。定型約款の規制の手法は、組入れ規制と内容審査を明確に区別するドイツ法との違いとしても指摘できます。

たしかに組入れ規制と内容審査は明確には区別できないという主張があります。私もそのこと自体を否定しませんが、少なくともドイツ法のような規定の仕方の方が法適用の思考のプロセスを明確にできると思います。

(2) 内容審査の規定の構造

ドイツ法と日本法との違いを整理しておきます。レジュメ（本書127頁）で見ていただくと大体わかると思います。日本法では、不当性判断のためのリストが十分でない点が特に大きな違いとなります。ドイツ法では、レジュメ（本書125～126頁）の先ほどの条文を参照していただけるとよいのですが、法規定の趣旨からの逸脱がある場合には不当条項としての推定を行うことを可能にする規定が置かれています。繰り返しになりますが、これは一つの大きな相違点で、後にお話をするところにも繫がります。

(3) 日本法

日本法の問題点の検討との見出しとなっていますが、大それたことを言うつもりはありません。皆さんレジュメ（本書124頁）のところを参照してください。消費者契約法10条については、前段と後段という体裁が採用され、前段で任意規定から離れるような規定を置いたときに、後段の信義則違反が推定できるという形ではなくて、後段の部分も消費者が立証しなければいけない構造をもつものであるとされています。これには異論がありますが、そういう理解によって、①があるだけでは②が推定されることにはならないとされ、②については、消費者が立証しなければならないとされているのです。私はそうみることは適切ではないと考えています。その理由は、この後（4(2)）に述べます。

(4) ドイツ法

ドイツ法では先ほど申し上げましたとおり、任意規定からの逸脱の程度が考慮され、約款条項が当該規定の趣旨とそぐわないことになれば不当性が推定されるという構造をもっています。

4 日本法の問題点の検討

(1) 推定規定の必要性

日本法をどのようにみるかですが、そもそも任意規定がどんな意味をもっているのか考えてみます。任意規定から乖離したときに、その規定の不当性をどう判断するのかということが問題となります。そして、半強行法の考え方に注目してみたいと思います。

(2) 消費者契約法10条の意義

消費者契約法は、10条でなぜ裁判官に消費者契約の内容審査の権限を与えたのだろうか。このことを考えてみます。

消費者においては、事業者が一方的に形成する不公正な約款条項を修正する可能性はほとんどありません。その不公正さの是正を司法の場に求めたのが、10条の規定です。その立法の意図は、契約自由の実質化のために裁判官に契約審査の権限を付与したところにあります。この司法審査としての不当条項審査は、契約の自由を尊重しながら当事者の利益状況を考慮しながら、契約内容をコントロールする手段です。消費者契約が使われる市場秩序の健全さを維持するには、消費者の目線から契約の効力を審査することの必要性が認識されているからこそ、こうした手段が規定されたのです。

⑶ 裁判官の役割（積極的関与）の重要性

そうだとすると、立法は、裁判官が消費者契約の条項を積極的に審査するというのを支援することを目的としたものであり、その運用も、その目的を妨げてはならないのです。根本には、そういう発想があります。

これまでの実務での運用や解釈をみると、司法審査の役割についてかなり誤解があるのではと思わざるを得ません。司法審査の手法が成功していくためには、今までの立法の考え方や解釈のあり方を改める必要があるのではないかと考えています。

まずは、市場ルールとして、契約を規制するルールのあり方として、両極にある手法があります。次の二つです。一つは強行法です。クーリングオフのように当事者が規定とは異なることを決められないようにして、定められた規定内容に従ってもらうやり方です。

もう一つは、任意規定です。標準的なルールは定めるが、当事者が契約自由のもとにおいてそれを変更できるとするものです。それは、当事者が特に定めを置かないときには、任意規定の内容が通用するという考え方です。そこでは、契約の自由が支配しています。

その中間に位置するのが、司法による条項審査であると私は理解しています。それは、強行的な形で一方的にその契約の自由を制限することで生じる弊害を除きながら、任意法にデフォルトルールとしての役割を果たさせることで、契約の公正さを保っていくという手法です。任意規定に半強行法としての意味が付与されます。これによって契約をコントロールすることになります。この場合、任意規定の半強行法化という表現が使われることもあります。

なぜそのような仕組みが必要なのかという理由は、次のことにあります。契約は個別的なのですが、他方で、これは定型的な内容をもつものでもあります。私的自治の原則は当事者の意思にその内容通りの効力を認めていくことを原則とするのですが、他方で民法はそれを制約する原理も有しています。いわゆる内在的な制限原理で、信義則、公序良俗といった規定が存在しているのはそのためです。それは形式的な契約自由を修正し、実質的な契約自由を保障するものです。この意味での社会的承認が契約には必要です。

社会的承認は、契約自由の原則のもとで、契約を締結したことで一応推定されるのですが、それは個別の場合に司法審査の判断を通じて覆される余地があります。

消費者契約については消費者から公正でないとの申し立てがあれば、社会的に承認されるための要件として、裁判官による審査が求められます。私は、消費者契約における不当条項の規制は、こういう構造をもつものであると考えています。これが消費者契約法10条の根底にあることです。

消費者契約における契約の自由はほとんどの場合、当事者の一方、事業者の契約の自由として現われます。すべてをそれに委ねていては市場の公正は担保できないのです。

裁判官に審査権限を付与した意味は、その公正性を判断する権限を与えたことにあります。このように、裁判官の権限の意義を確認できれば、立法においても立証責任の分配を再考し、また裁判実務では事実上の推定などの手段を通じて、条項審査を実質化できるとみています。日本においても、裁判官の条項審査における役割を改めて認識し、その役割を十全に果たさせるための法的な規定が、例えば、充実したグレーリストなどがしっかりと用意されるべきであると考えています。

「まとめ」については、時間も迫ってきましたので、レジュメ（本書128～129頁）に書いてあるところをご参照いただければ幸いです。ご清聴、ありがとうございました。

田村　中田先生、大変にありがとうございました。

（休 憩）

田村　再開したいと思います。コメンテーターの先生方からのコメントということで、まずは池本誠司先生、コメントよろしくお願いいたします。

［コメント1］

池本誠司　はい、池本でございます。本日は、鹿野先生から消費者契約法制定以来、現在までの改正の経緯と論点を七つにわたって提示していただきました。

それから平尾弁護士からは、特に今回の2022年改正について、具体的な中身と問題点、さらには積極的な立法趣旨に照らした解釈提案までしていただいて、おそらくこれまで紹介を受けた中では初めての積極的な提案ではないかと存じます。

そして中田先生からは、ドイツ法の紹介を通じて、私たちにとって何を目指すべきかというところを示していただいたと感じております。

1　視点

その全体についてコメントすることは私の手には負えません。私の視点としては、消費者被害の救済に取り組んできたことと、特定商取引法と割賦販売法の法改正の議論にも多少関わってきたという経験も踏まえて、まずは現行法を実務家として最大限積極的に解釈運用して活用していきたいこと。それで不十分なところは、これまでに出てきた勝訴判決あるいは敗訴判決が次の法改正の大きな手がかり、根拠になるのだという意味で、鹿野先生の論点整理との関係でいうと、不当勧誘行為の中の不実の告知を一つ素材にして、解釈運用のあり方を議論します。それから不当条項については、私自身も関わっている適格消費者団体による差止請求における不当条項の解釈運用のあり方というあたりに絞って議論させていただきたいと思います。

2　不当勧誘行為の要件と解釈運用による展開

(1)「重要事項」に関する論点

まず、消契法制定当初の不実の告知の要件は、皆さんもご承知の通り、「重要事項について事実と異なることを告げる」と規定されていました。この「重要事項」というのは、「次に掲げる事項であって……契約を締結するか否かについての判断に通常影響を及ぼすべきもの」で、「次に掲げる事項」として、「契約の目的となるものの質、用途その他の内容」と「対価その他の取引条件」と書いてあったわけです。

「次に掲げる事項」というのは、ご承知の通り、限定列挙の文言ですから、これ以外は含まない、動機は含まないというように明確に立案者は述べています。当時の立法段階の審議の中でも、事業者にとって、適用範囲が明確でなければいけない、動機は対象が拡散するため除くべきである、という議論になっていました。

(2)　重要事項に関する解釈論の展開

そして、重要事項に関する解釈運用の展開ですが、限定列挙説によれば、事業者にとっての適用範囲の明確化というものを尊重する以上は、動機は含まない、条文の文言もそうだということです。立案当局の解説書の中で、事例で出ているのが、「デジタル回線になると黒電話は使えなくなる」と言って新しい電話機を購入させたケース。これから購入する商品についての「質、用途その他の内容」でもない、「対価その他の取引条件」でもない。なぜ買う必要があるかという動機だから、これは含まない。このように解説されています。

私たち実務家は、消費者契約法がいよいよ制定され、その条文を見てがっかりしました。それこそ民法では救えないところを救いやすくするために導入されたのではないのか、と実務家としては大変がっかりし、不満が強いところでありました。

そのあたりを踏まえて、拡張説というものが、学説の中では積極的に提案されました。文言の形式からすれば限定列挙となっているけれども、契約内容とか取引条件という中身を拡張的・複合的に捉えることで、できるだけ多くのケースで動機も含まれるように解釈すべきである、という見解です。

例えば、教材を購入した方には丁寧な学習指導をしてあげると言って高額の教材を販売したけれども、指導が杜撰であった。これは、教材の売買契約ということだけからすると、学習指導してあげるというのは、動機づけのようにも見えるけれども、学習指導と教材販売という複合的な一つの契約の中身であると捉えます。ただ、「デジタル回線になると使えなくなる」、という説明は、なかなか契約内容とは言えないのではないかという気はします。

私などはむしろ端的に、これは条文の文言解釈とは違うけれども、例示的に考えるべきだという見解です。民法の当時の錯誤無効、現在は錯誤取消し、この議論ですら、動機の錯誤が契約締結過程の意思表示の場面で表示されていれば、これは契約内容、意思表示の中に含まれていると理解して、それも錯誤の対象としてよいと解釈されているではないか。その民法よりも後退した消契法ということでよいはずがない。そうだとすると、これは例示的に解すべきだ、という見解です。

このように、文言解釈からすれば無理な解釈かもしれない、しかし、これをきちんと立法趣旨なども含めて主張する学説も登場し、その後の裁判例を見ると、通信回線が変更になると今までの電話器が使えなくなると述べて、新しい電話の契約をさせた事案。これを事実の告知だと認める裁判例（学説・判例はコメント要旨（本書132頁以下）参照。以下同じ。）が出ています。つまり、立法者が示した事例と全く同じものが適用対象とされたと言えます。

さらには、床下がかなり湿っているので家が危ないと説明して、床下換気扇や防湿剤を購入させた事案。点検商法でよくあるケースだと思うのですが、これについても認める裁判例があります。

さらに三つ目は、東京高裁の判決ですが、以前に別の訪問販売業者から学習指導付きの教材を買っていた消費者のところに、別の業者が現れてきて、「前の業者の学習指導はでたらめだ」「うちの方がずっといいんだ」というふうに言って、しかも「前の契約はキャンセルすれば簡単にお金が戻ってくる。それをこちらに充てればいい」と、このような説明をしたけれども、いずれも嘘だったという事案です。判決は、教材の売買契約の重要事項である教材役務の提供について事実と異なることを告げたこと、かつ以前の契約を容易に解約して返戻金を受領できる、教材購入の資金に充てられる旨告げたが、説明通りに簡単には返金ができなかったことから、不実の告知に当たると判断しました。このうちの前半部分の、教育役務の提供が事実と異なるというのは、拡張説的に捉えても取り込めるだろうと思うのですが、二番目の、前の契約をキャンセルすれば返戻金が簡単に戻ってくる、それが嘘だったというのは、どう考えても拡張説では説明がつきにくい。もちろん裁判例は何説だということは書いてありませんが、例示説的に捉えたと評価してもおかしくないのではないかと私は受けとめています。

(3)　特定商取引法2004（平成16）年改正

実はこういう議論・解釈論の展開と裁判例の展開と並行して、やはり実務の世界で非常に不評だということがあって、特定商取引法2004年改正の中で、訪問販売その他の取引類型について、「契約の締結を必要とする事情に関する事項」や「前各号に掲げるもののほか、……購入者の判断に影響を及ぼすこととなる重要なもの」（特商法６条１項６号・７号）、これらを重要事項の列挙の中に加えて、それ全体が不実告知取消し（同法９条１項１号）の対象となる、と規定されました。

このように消費者契約法では解釈論としてじわじわ広げ始めていたものが、特商法の特にトラブルが多い分野については立法的に解決してくれました。

(4)　消契法2016（平成28）年改正

そうなってくると、これは特商法の類型だけではない、店舗販売でも同じことがあるのではないか。こういう議論の中で、消費者契約法の2016年改正において、「生命、身体、財産その他の重要な利益についての損害又は危険を回避するために通常必要であると判断される事情」（消契法４条５項３号）が規定されました。

これは、不利益回避の動機に関する重要事項が入ったということになります。利益誘引型の動機というのは残念ながら文言では入っていないのですが、これまでの拡張説・例示説的な考え方あるいは裁判例の流れからすれば、ここで追加されたものはいわば確認的な規定なのだ、利益誘引型の動機についても同じように含まれてよいと、それを積極的に排除しているわけではないんだと、解釈して取り込んでいいんだと、こういうふうに解して良いのではないか。

何しろ消費者契約法は民事規定ですから、そのように拡張解釈なりあるいは類推適用なり積極的にやってよいはずだと、このように考えるわけです。

3　不退去困惑取消し規定に関する解釈運用

⑴「退去すべき旨の意思を示した」とは、どのような言動を指すか

不退去困惑の規定。これは一応念のため紹介しておきますが、ここは大きな論争があったというよりは、立法当初から認めていたものです。

条文上は「その住居又はその業務を行っている場所から退去すべき旨の意思を示したにもかかわらず」、退去しないで勧誘をしたために困惑して契約したと、このように書いてあります。その「退去すべき旨」というのは、どのような言動であればよいのか。

これは、先ほど平尾弁護士も言われましたが、本人は契約したくない、あるいは勧誘を受けたくないという意思を示しているのに、その意に反して勧誘を継続されたために不本意な契約締結に追い込まれる、こういう場面を想定して、それの取消しが認められたものです。

逆に言うと事業者は、消費者の主体的意思を尊重しなければならない、そういう趣旨ではないか。そうだとすると、「お帰り下さい」と明示的に言えなくても、「間に合っています」とか「考えておきます」とか「今忙しいので」とか、あるいは「家族と相談してみます」とか、遠まわしだけれども、今は契約しませんということを一生懸命言おうとしている、何らかのそういう断る言動があればそれで良いと。要は拡張説的な考え方がここでも取られているといえます。

つまり、消費者契約法はスタート以来、こうやって積極的な解釈運用がなされてきている、また、そういう解釈運用が法改正にも繋がってきている、という点を確認していただきたいと思います。

⑵　2018（平成30）年改正による困惑類型の追加と解釈運用の課題

2018年の改正は、困惑類型として３号から８号が入ってきましたが、この当時から細かすぎる要件設定が非常に不評だったわけです。やはり、この10年来、

事業者にとって予測可能性が失われることはよろしくない、という主張が国の政策全体の中で法制度にまで浸透してきたという感じですかね。そういうこともあって、具体的に列挙したものでなければ予測可能性を害するという見解です。そして、どういう事案で問題が起きているのか、そうであれば、そういう事案に限定して取消し規定を設ければ良いではないかと、こういう改正時の議論がありました。

それによって、本当に細々した規定となって、霊感商法とか恋人商法とかも含めて項目が作られました。あのときにも、それこそ行政規定の条文と見まがうようで、なんでこんなに細かく書くのだという批判がありました。特定商取引法のような行政規制を伴うものであれば、行政権の濫用防止とか、あるいはその規制を受ける事業者の予測可能性というものを尊重する、そこを重視して具体的な要件を規定することが、憲法上の要請でもあるというのはわからないではないです。けれども、民事規定ですから、当事者が訴えを提起して、裁判所が双方の意見を聞いて判断する、まさに利益考量によって事後的に判断するのだから抽象的で良いのではないか。こういう議論が当時ありました。改正法で追加された規定も、そういう形で解釈運用すべきだというふうに考えています。

まだこの分野について、積極的にこういうものがあるというところまでの裁判例は、そろってはいません。私たちはそれが出た後の課題として、消費生活相談の現場では、ある程度典型例が列挙されることによって適用しやすくなるというメリットがあるから細かい規定があることを全否定はしませんけれど、そういうものから導き出される困惑類型の共通項を引き出して、受け皿となる規定を設けることが必要であると考えます。それがないと、行政規制と同じように厳密に解釈しなければいけないかのような誤解を招くのではないかと思います。

・国会審議における衆議院附帯決議

実は平成30年改正の国会審議でも、そのことが問題になりました。「社会生活上の経験が乏しいことから、過大な不安を抱いていること」に乗じ、というような言葉が何ヶ所も出てくるのに対して、これは、高齢者は当たらないで、若年者だけしか当たらないとも解されうる。そんなことでは非常に適用範囲が狭まってしまいますので、附帯決議において、その意味は「契約の目的となるもの、勧誘の態様などの事情を総合的に考慮して」、「適切な判断を行うための経験が乏しい」、つまり、当該契約について、「年齢にかかわらず当該経験に乏しい場合」であるという解釈であり、そういうことをちゃんと周知すること。そして、向こう3年を目途として、実効性について検証し、必要な措置を講ずることが規定されました。このような宿題があったので、今回の改正の審議に繋がったという背景があります。

(3) 2022（令和4）年改正による困惑類型の追加規定と解釈上の課題

今回の改正については、先ほど、平尾弁護士から提起された考え方、解釈の提案について全面的に賛成です。さらに、ここをこう変えた方がいいというのは、とりあえず思いつかないくらいです。本当に積極的な提案をしていただいたと思います。

むしろ、実務家の皆さんには、そういった解釈の指針を、立法趣旨からどう導くことができるか、論理の問題としてこうできる、そして実態の問題はこうだというものを主張・立証していただきたいし、研究者の皆さんには、そういう解釈は消費者契約法の解釈のあり方として正しいのだ、文言に過度に縛り付けられてはいけないというところをぜひ議論を展開していただきたい。これはお願いであります。

4 不当条項の適用における合理的限定解釈

○適格消費者団体の差止請求における合理的制限解釈の採用の当否

(1) 適格消費者団体とは

不当条項の適用場面については、合理的限定解釈というものに注意する必要があるということを、少し申し上げておきたいです。

私は、埼玉消費者被害をなくす会という適格消費者団体にかかわっています。差止請求を担う団体は現在23団体あるのですが、その中で、適格消費者団体京都消費者契約ネットワークが獲得した最高裁平成29年1月24日判決は不特定多数に向けた広告も内容次第によっては勧誘に当たりうる、という判断が出されるなど、裁判所が積極的な解釈を示してくれたケースもあるのですが、残念ながら消極的な解釈をする裁判例が目立つということで二つ紹介します。

(2)　不当条項に対する差止請求において合理的限定解釈を使用した裁判例

まず一つは、合理的限定解釈を使って、埼玉消費者被害をなくす会が提起した訴訟で全面敗訴したものです。

東京高裁平成30年11月28日判決（判例時報2425号20頁）ですが、事案は、携帯電話サービスの契約条項で「当社は、この約款を変更することがあります。この場合は、料金及びその他の提供条件は、変更後の約款によります」と、こういう条項です。これは約款ですから、個別の同意をとることなく、どういう中身かの制限なしに無制限に契約内容の変更ができるように読める条項、それこそ消費者の利益を一方的に害する条項ではないか、と主張しました。

民法改正の法制審議会において、定型約款の議論をしている中で、何人もの学者委員あるいは行政関係の方も含めて、無限定な約款変更条項は不当条項の典型であるという前提で、こういうものがどう位置づけられるかというようなことが、何人もの方から発言がありました。ですから、これは不当条項であるということは絶対動かないはずだ、というように考えました。そして、事業者は不当条項を含む約款を現に使用しているわけですから、その不当条項を含む契約締結の意思表示を現に行いまたは行うおそれがある、この「おそれがある」ということでいけると考えたのです。

ところが判決は、「本件契約条項は、事業者側を一方的に利する恣意的な変更も許容されるように読める。しかし、約款の文言について合理的な限定解釈を加えることが認められるべきものであるから、たとえ無限定な変更を認めるかのような変更条項が存在したとしても、事業者側を一方的に利する合理性を欠く恣意的な変更が許容されると解釈する余地はない」。よって、10条前段要件にそもそも当たらない、という唖然とするような判断でした。

元々、合理的限定解釈というのは、消費者契約法がなかった時代、公序良俗違反しか内容規制がなかった時代に、契約条項の解釈、意思解釈の問題として限定解釈することで、条項そのものを無効とする根拠条文はないけれども、この事案については無効、まさに消費者を救うために編み出された解釈手法だったはずです。ところが、なぜかそれが差止請求の場では、請求を棄却する根拠に使われてしまいました。

そのことについて、山本豊教授は、論文の中で「差止訴訟においては、制限解釈された条項はその制限された内容で有効であることになり、条項使用差止を訴求した適格消費者団体は敗訴の憂き目をみ、誤解を招く透明度の低い表現をもつ契約条項が引き続き使用される結果となる。したがって、差止訴訟において契約条項の制限解釈を行うことについては、慎重な態度が要請されよう。」と、まさに差止請求で合理的限定解釈というのは使うべきではないという趣旨で書いておられます。実は、訴訟の過程でいろいろ調べていくと、ドイツの約款規制法の中では、差止請求に関しては合理的限定解釈を用いるべきでないという規定があるという論文を見つけて、そういうものも出したのですが、裁判所はこっちを向いてくれませんでした。

さらに、差止請求訴訟ではなくて、消費者契約法そのものの解釈のあり方として、山本敬三教授の論文では、元々、合理的限定解釈は契約条項規制がない時代に編み出された解釈手法であるというところをきちんと整理した上で、消費者契約法が制定された「現在では、消費者契約に関しては新たに契約規律に関する規定が設けられている。そのような手がかりがあるときには、不当な条項を無効と判断し、契約の内容規制を行う事に躊躇すべきではないと考えられる」と述べておられます。まさに、裁判官は躊躇しないで、不当条項の判断を示すべきだということを発言しておられるわけです。

⑶　差止請求訴訟において合理的限定解釈の適用を否定した裁判例

もう一件、先ほどのリターンマッチというわけでもないのですが、やはり埼玉消費者被害をなくす会で提訴した別の事案では、逆に勝訴した事案があるので、これも紹介させてください。

東京高裁令和２年11月５日判決（最高裁判所ウェブサイト）ですが、インターネット上のゲームサイト利用契約で、「他の会員に不当に迷惑をかけたと当社が判断した場合」、「その他会員として不適切であると当社が判断した場合」は、本サービスの利用停止または会員資格取消しができるという規定と、この場合には受け取った料金は返さないし、会員に損害が生じても一切賠償しない、という免責条項の事案です。一切賠償しないという責任免除条項であるとともに、不適切であると事業者が判断して会員資格を喪失させるという消費者にとって不利な判断をする権限付与条項、という二つのことが規定されています。これは2018（平成30）年改正法の施行より前の事案です。

事業者は、誤った判断の場合には免責規定の適用がないから、責任を負わないということの確認的な規定にすぎないという主張、つまり合理的限定解釈をすれば、これはそういう場面では使わないから不当条項ではないという主張を展開したのです。判決は、こういう考え方は、行為規範としての解釈にそぐわないと指摘したうえで、合理的限定解釈を加えるべきとの主張については、「事業者を救済する（不当条項性を否定する）方向で」、「条項に文言を補い限定解釈するということは」、消契法３条１項１号の趣旨に照らし「極力控えるのが相当である」、という判断を示しました。

2018（平成30）年改正において、損害賠償責任の決定権限付与条項は不当条項であるというのが８条に文言として追加されまして、先ほどの裁判例はそれより前の事案ではあるのですが、やはり大きな流れを踏まえて、裁判所もこのように認めるし、学説もそういう形で展開していたという流れの中で、私たちの主張が受け入れられたのだと考えています。

そして、10条には、この判断権限を事業者が握るという権限についての文言は、今のところは入っていませんが、考え方は同じだと思います。事業者の責任免除が消費者の権利制限になると、その場合にも判断権限を事業者が握るというのはやはり不当条項になる、そういうふうに考えていくべきだと考えます。

こういう形で、実務家は積極的に民事規定としての消費者契約を活用していくこと。そのこと自体が被害の救済にも繋がるし、いい判決をとれば、次の改正でそれがまた条文化されることで、全体に普及していくと、こういう形で取り組んでいく必要があるのではないか。他方で学者の皆さんにもそれを論文などで支援していただければというふうに思います。以上です。

田村　池本先生、大変にありがとうございました。続きまして、カライスコス先生からコメントを頂戴したいと思います。カライスコス先生、よろしくお願いいたします。

［コメント２］

カライスコス　アントニオス　ありがとうございます。ただいまご紹介にあずかりました、京都大学のカライスコスと申します。どうぞよろしくお願い申し上げます。

私の方からは、本日のテーマである消費者法と要件事実の視点から、鹿野先生、平尾先生、中田先生のご講演、そして池本先生のコメントに関連する事項についてお話を申し上げたいと思います。もし、声が聞こえにくいあるいは聞こえないなどの問題がございましたら、チャットなどでお知らせいただけると幸いに存じます。

1　EUにおける消費者契約の規律

⑴　不公正契約条項指令93/13/EEC

まず初めに、本日ご紹介するEUの立法についてその概要をお示ししたいと思います。本日取り扱う立法は三つあり、一つ目が、不公正契約条項指令です。これは93年の立法で、消費者契約における当事者間で交渉されていない不公正な契約条項を規制するものです。

したがって、日本法との関係でいえば、消費者契約法の８条ないし10条の内容に相当するわけですが、そうは言っても、適用範囲が交渉されていない契約条項に限定されるなど、違うところがございます。

⑵　不公正取引方法指令2005/29/EC

二つ目が不公正取引法指令、これは2005年の指令で、消費者に対する事業者の不公正な取引方法を広く規制するものです。

この取引方法という概念は非常にユニークなもので、契約が前提とはされていませんので、例えば事業者によるマーケティングや広告など、さらには取引の後のアフターセールスなどもその適用範囲に含まれることになります。

日本法との比較で言えば、消費者契約法の４条に相当するといえますが、不公正取引方法指令の適用範囲は非常に広いものですので、日本法の特定商取引法、さらには景品表示法なども含めたようなものとなっています。

(3) 消費者権利指令2011/83/EU

そして、三つ目が消費者権利指令です。こちらは2011年の立法で、その名前だけを見るとかなり適用範囲の広い包括的な立法のようにも見えますが、実際にはその制定過程において加盟国からいろいろと反対などが出てきたために、適用範囲がかなり限定されたものとなっていて、その中核となっているのは、消費者に対する事業者の情報提供義務全般です。あらゆる消費者契約において、事業者が消費者にどのような情報提供をしなければならないのかに関する定めがその中心となっています。

それ以外に二つ目の大きな柱として、営業所外契約、これは日本法との比較で言えば訪問販売契約とほぼ同様のものです、そしてさらには通信取引契約、こちらは日本法との比較で言えば通信販売契約に類似しているものですが、これら二つの類型の契約において、消費者に対して事業者がどのような情報提供をしなければならないのかも規律しています。

そして三つ目の柱ですが、これら二つの類型の契約における消費者のクーリングオフ権についても定めています。消費者権利指令を日本法と比較した場合、日本法には相当する立法はないのですが、クーリングオフ権などとの関係においては、日本の特定商取引法に相当する部分がございます。

なお、不公正取引方法指令および消費者権利指令は、EUの中でも従来日本法と同じように、個別の契約類型や取引分野などに特化した立法がモザイク構造のように採択されてきた中で、そのような状況を解決するために制定された包括的な立法となっています。

それでは、この後は本日のテーマである消費者法と要件事実という視点から、先生方のご講演、あるいはコメントに関連する部分について若干お話を申し上げたいと思います。

2 立証の問題

(1) 不公正契約条項指令

まずは立証の問題について申し上げたいと思います。

不公正契約条項指令ですが、その中には不公正な契約条項を禁止する一般条項とさらに不公正となる場合がある契約条項の例示的かつ非限定的なリストがあり、後者はいわゆる「グレーリスト」ということになりますが、この二つの段階から構成される指令となっています。

ここで特に興味深いのがこのグレーリストの性質で、指令の文言だけを見ると、あくまでも不公正となる場合がある契約条項であるということしか書かれていません。また、この指令の立法過程を見ると、これらの契約条項、つまりグレーリストに含まれているものは、従来、EU 加盟国において不公正であると判断された代表的なものを集約したものとなっています。そこで、EU で議論されているのが、この「不公正となる場合がある」という文言はどのような意味を持つのかということですが、一般的な理解としては、これは立証責任を転換するものであるとされています。つまり、事業者側が、そのようなリストに該当する契約条項については、不公正なものではないということを立証する責任を負うということです。

不公正契約条項指令は、いわゆる「下限平準化指令」です。この「下限平準化指令」という用語が意味するところは、EU 加盟国は、この指令の内容を、いわゆる国内法化の際に、つまりその国内法にこの指令の内容に相当する規定を設ける義務を負ってはいるわけですが、その際に、下限平準化指令であるがゆえに、この指令が定める保護水準を上回ることができるということです。そこで実際に、先ほど中田先生からもお話があったように、これをグレーリストとして定めるのではなくて、ドイツのようにその一部をブラックリストとして定める国、あるいは全体をブラックリストとして定める国なども見られます。ここで言うブラックリストというのは、いかなる場合にも不公正となる取引方法のリストだということになります。

次にこの指令においては契約条項に関する交渉についても、立証との関係で規定が置かれています。つまり先ほど申し上げたように、この指令は、事業者と消費者との間での、個別の交渉がない契約条項にしか適用されないわけですが、実際に事業者と消費者との間でそのような交渉があったのかどうかが争われる場合があります。

そのような場合には、この指令の規定によると、主張立証する責任は、事業者側が負うこととされています。

そして最後に、この指令の中には契約条項の解釈に関する規定も書かれています。契約条項の意味するところが不明確である場合、契約条項の意味について疑いがある場合には、消費者にとって最も有利な解釈が優先されるという規定が置かれています。これは一般的に作成者不利の原則と呼ばれているものです。

先ほど池本先生からご説明がありましたように、ドイツは、EU 加盟国ですので、この EU 指令を国内法化しているわけですが、この指令自体に、集団訴訟、つまり差止訴訟の場合においては、作成者不利の原則が適用されないという明文規定があります。なぜかと言うと、先ほど池本先生からお話があったように、このような解釈をしてしまうと実際には消費者にとって不利益な規定や契約条項であったりしても、これを差し止めることができなくなってしまうからです。

(2) 不公正取引方法指令

次に、不公正取引方法指令の内容についてご紹介したいと思います。先ほどご紹介した不公正契約条項指令と同じように、不公正取引方法指令にもリストと一般条項が置かれています。

こちらは三段階の構造のものとなっていて、まずあらゆる不公正取引方法を禁止する大きな一般条項があり、しかしこれでは抽象的ですので、その代表的な類型としての誤認惹起的取引方法、日本法でいうところの誤認に似ているものです、および攻撃的取引方法、日本法でいうところの困惑に似ているものですが、これらの二つの代表的な類型に関する小さな一般条項が置かれています。そして最後に、いかなる場合にも不公正となる取引方法のリスト、ブラックリストが置かれています。

この指令は非常に重要で、今、日本で議論されているステルスマーケティング、あるいはターゲティング広告は、いずれも契約の有無を問わず事業者が消費者に対して行う取引方法だということになりますが、EU ではいずれもこの指令によって対応が既にされているということになります。また先ほど申し上げたように消費者権利指令と不公正取引方法指令は、包括的な立法、つまり一般法として位置づけられていますが、技術中立性というものが、そこではかなり意識されていて、新しい技術や手法が生じた場合であっても、その規定内容を変えることなく対応できるように工夫がされています。

次ですが、この指令の中には事業者による主張の実証に関する規定も置かれています。つまり、この指令の12条によると、加盟国は、不公正取引方法に関する民事または行政手続において、次のような権限を裁判所や行政機関に付与しなければならないこととされています。

①ですが、事業者、その他手続の当事者の正当な利益を考慮して、その要求が事件の事情に照らして適切であると認めるときは、取引方法に関する事実の主張の正確性についての証拠を提出するよう事業者に要求することができます。

そして、②ですが、先ほどの①に従って要求した証拠が提出されず、または裁判所もしくは行政機関によって不十分と判断された場合には、事実の主張が正確ではないものとみなすことができます。この規定内容は立証責任の転換を可能としているものです。

3　不当勧誘への対応

(1)　不公正取引方法指令

最後に、不当勧誘への対応についてお話をしたいと思います。

まず、不公正取引方法指令ですが、この指令の中に全体としての表現方法に関する規定が置かれていて、非常に興味深いものとなっています。先ほど申し上げたように、この指令は三段階のものとなっていて、大きな一般条項、そしてブラックリスト、さらにはその間に不公正な取引方法の代表的な類型である誤認惹起的取引方法と攻撃的取引方法に関する小さな一般条項が置かれています。

これらの小さな一般条項のうち誤認惹起的取引方法、日本の誤認に類するものですが、これは二つに分けられていまして、誤認惹起作為と誤認惹起不作為があります。そして、これらのうち、誤認惹起作為に関する規定を見ると、次のような内容がそこに定められています。つまり、誤認惹起作為については、全体としての表現方法を含む何らかの方法によって平均的消費者を誤認させ、もしくは誤認させるおそれがあるのかが考慮されるとされているわけですが、ここで重要な点が三つあると考えております。

一つ目は判断をする際に、全体としての表現方法を考慮要素の一つにしているということです。したがって、日本における事案でよく見られるように、先ほど中田先生からもご紹介がありましたが、全体としては例えば無制限のインターネット接続であるという印象を強く与えるような広告などでありながらも、よくよく見ると小さな文字で制限があるということが別の箇所に書かれているような場合、EU 法であれば誤認惹起作為との関係では全体としての表現方法が考慮されますので、一般的な平均的な消費者であれば、全体としての表現方法から無制限のインターネット接続であるとの印象を受けるような場合には、その方向性で判断がされるということです。

もう一つは、括弧内の同じく下線を引いている部分ですが、その情報が事実として正確である場合を含むということが明記されているという点です。つまり、誤認惹起作為については個々の情報が事実としては正確であるような場合、中田先生からご紹介のあった事例などがそうですが、先ほどの全体としての表現方法などから、平均的な消費者に誤認が生じるというようなときであれば、それは誤認惹起的な取引方法であることが肯定されるということです。

そして最後に、平均的消費者というところですが、この概念については、指令の中には定義規定は置かれておらず、欧州連合司法裁判所（CJEU）の判例でその説明がされています。平均的消費者というのは、日本法でいうところの一般的な消費者という理解で良いかと思いますが、平均的消費者というこの概念は、指令の中で三つに分けられています。

つまり、先ほど申し上げた大きな一般条項の中で、消費者全般の平均的消費者の他に、商品などが特定の消費者集団を対象としている場合には、その消費者集団の平均的消費者が基準になることが定められています。例えば、子供向けのおもちゃ、あるいは高齢者向けの商品の場合には、平均的な子供、あるいは平均的な高齢者がそれぞれ判断基準とされるということです。そして最後に、これら二つの平均的消費者の概念とは別に、平均的な脆弱な消費者に関する規定が置かれています。本日のテーマからはややそれますが、重要な点ですので、その概要のみをご紹介します。身体的・精神的な脆弱性、年齢あるいは軽信性、これは軽率さなどと訳されることもありますが、これらの三つの要素のいずれかによって脆弱であるような消費者集団については、その平均的な脆弱な消費者が判断基準にされるということです。

この点についてややわかりにくいのが、先ほどの特定の消費者集団の平均的消費者との棲み分けです。例えば、私がよく講演会などで申し上げる例なのですが、EU で判断された事案としては、お菓子の商品、これはつまり消費者全般に向けられた商品だということになりますが、これを1袋買うたびに木を1本植えるというマーケティングを事業者が行った場合に関するものがあります。商品は消費者全般に向けられたものですので、特定の消費者集団の平均的消費者が判断基準とはならず、消費者全般の平均的消費者が判断基準となるわけですが、ここで重要なのは、環境保護などに強い関心を持っている消費者であれば、この商品を余分に買う可能性が高いということです。しかし、実際にはこの事業者は、売上の数とは無関係に一定の木を植えることに同意していたということが後日判明したわけです。

この場合、このマーケティングは誤認惹起的なものである可能性があるわけですが、EU では、環境保護に強い関心を持っている消費者というのは軽信性、軽率さを理由としてこの商品を余分に買う可能性が高くなるために脆弱な消費者であり、環境に関心を持っている消費者の平均的消費者を基準とする、という判断がされました。

(2) 消費者権利指令

最後に消費者権利指令における不当勧誘への対応ですが、事業者によって消費者に対して提供された情報を契約に取り込むことに関する定めが置かれています。これは先ほど中田先生がお話された内容にも関連するものとなっていますが、営業所外契約、先ほど申し上げたように日本法では訪問販売契約に内容が類似しているものです、および通信取引契約、先ほど申し上げたように日本法の通信販売契約に類似しているものですが、これらの二つの類型については事業者がこの指令の規定にしたがって消費者に提供しなければならない情報は、契約の不可欠な部分を構成することとされています。

つまり、実際の契約内容にそのような情報の記載がない場合であっても、これらの情報は自動的に契約の不可欠な部分を構成するということですので、事業者側がその情報提供とは異なるような履行などを行った場合には契約の内容に違反しているとの判断ができるということです。また、同じ規定の中に、当事者が明示的に別段の定めをする場合を除いて、その内容を変更してはならない、という定めも置かれています。

このように、消費者権利指令においては、営業所外契約や通信取引契約については事業者がその指令に従って提供しなければならない情報を自動的に契約の内容として取り込むことで、消費者を保護するような体制が整っているのです。

概要のみで恐縮ですが、私の方からは、以上です。ご清聴いただき誠にありがとうございました。

[パネルディスカッション]

田村　カライスコス先生、大変にありがとうございました。それではこれから予定では40分程度時間をとりまして、パネルディスカッションを行ってまいりたいと思います。

テーマとしましては、四つほど挙げたいと思います。

まず一つ目が３条の努力義務規定について。二つ目が４条の不当勧誘規定について。それから三つ目が９条１項１号の平均的損害の立証責任について。四つ目として10条の不当条項規制。この四つを取り上げたいと思います。議論の順番としましては、条文の順序通り、今申し上げた順序で議論を行ってはどうかと思います。

それでは３条の努力義務の規定について、議論をしていきたいと思います。まずは鹿野先生から、コメンテーターの先生方のコメントを踏まえて、最初にお話していただくのが良いかと思いますので、よろしくお願いいたします。

1　努力義務規定（３条）について

鹿野　はい、ありがとうございます。先ほど私から話をさせていただき、また平尾先生からより詳しいお話をいただきましたように、本年既に成立した

2022年第一次改正では、努力義務規定がかなり追加されました。

そのうち９条１項１号の平均的損害に関わる部分については、後ほど別の論点として改めて検討させていただきたいと思いますので、まずはそれ以外の努力義務規定についてあらためて考えてみたいと思います。３条の努力義務規定が拡充されたのですが、これをどのように機能させるかが現行法を前提とした解釈としては重要な課題になると思われます。先ほども言及した通り、努力義務規定のうち、例えば情報提供に関する努力義務など、従来からあったものについても、一定の事情の下では事業者の説明義務違反による損害賠償責任に繋がる可能性があるものと私自身は考えておりました。2022年の改正では、３条１項４号において、契約締結後の解除時において消費者の解除権行使に必要な情報提供や解約料算定根拠の概要説明に関する事業者の努力義務などが規定されましたし、それからまた３号には定型約款の表示請求権に関する事業者の情報提供義務が規定されたところでございます。

先ほど平尾先生からもご指摘のあった通り、義務が詳細化・具体化されたところでございます。そこでこのような具体化された義務を前提に、例えば事業者がそれらの情報を提供しなかったことによって、消費者による適時の解除権の行使が妨げられ、不利益が生じたというような場面においては、これも具体的な事情にもよるわけですが、事情によっては事業者の損害賠償責任が導かれ、あるいは場合によっては事業者の一定の主張が信義則違反という形で排除されるという効果に繋がる可能性があるのではないかと考えているところです。

さらに明確かつ平易な条項作成の努力義務についても、従来からあった規定を前提にしても一定の効果が導き出されることもありうると思われます。この点、池本先生、具体的な実務に即してお話いただけますでしょうか。

池本　はい、承知いたしました。まず、この努力義務規定は、解釈指針などで活用できるという点について、先ほどのカライスコス先生のお話から先に感想を申し上げます。年齢とか心身の状況、知識、経験を総合的に考慮した上で情報提供の努力義務があるという規定が入っていますけれども、これなどは一般的・平均的消費者を基準とするのか、年齢とか経験とか心身の状況とかを加味すれば、その部分における平均的な脆弱な消費者を基準とするということで、すぐにでも使える場面が非常にあります。今後、書面を書くときには、カライスコス先生が紹介された、お菓子を買うと木を植えるという例を使わせていただきたいなと思います。

それから、先ほど紹介した差止請求の東京高裁令和２年11月５日判決、勝訴判決の方ですが、その中で、事業者側が、約款の規定の中に会員の不当な行為の例としていくつも例示があるので、条項の内容は明確である、という主張をしました。例示列挙があって、包括的受け皿規定があるというような作りになっているのだという主張です。実際は必ずしもそうではないところもあったのですが、その受け皿規定の条項が全く無限定なもので、しかも会員に対し理由も説明しないという対応をしていた、というケースがあったのです。

裁判所は、先ほど触れた判決の中で理由として述べているところをもう少し正確に言いますと、「事業者は、消費者契約の条項を定めるに当たっては、消費者の権利義務その他の消費者契約の内容が、その解釈について疑義が生じない明確なもので、かつ、消費者にとって平易なものになるよう配慮すべき努力義務を負うものであって（法３条１項１号）、事業者を救済する（不当条項性を否定する）方向で限定解釈をするとの方向で、消費者契約の条項に文言を補い限定解釈をするということは、同項の趣旨に照らし、極力控えるのが相当である。」、「控訴人が主張する例示（乙10）によっても、本件規約該当性が明確になるものとは解し難い。」と判断しました。

まさに法３条の努力義務規定を根拠として明示した上で、限定解釈を排除してくれたのです。そういう形で、解釈指針として使っていくというのは、もっともっと意識的にやっていいのではないかと思います。以上です。

田村　平尾先生、実務家の観点からということで、何かありますでしょうか。

平尾　はい。努力義務を、不法行為で注意義務違反として構成することは、実務では比較的ありうる。というか、不法行為の主張の中ではむしろよくあることです。明文にあるので、法律上の義務であることは明らかなのですが、努力という言葉が引っかかっているところがあるにはあります。

今回の改正の過程で、私が感じたことですが、努力義務を設けたのは、別に軽い義務だから設けたわけではないのです。元々、重要な規範であって、何とか法律に落とし込む必要がある。ただ、取消しという効果や即無効という効果あるいは罰則といった効果まで紐付けるとなると、委員の中でもそれは抵抗があるという方もいらっしゃいました。法的義務を、何らかのサンクションがいる、そういう意味で皆さん使っている。どうも、サンクションまでは導けないから努力義務という思考過程に皆さんがなっていました。しかし、明文上のサンクションまでの強い効果はないけれども、義務としては重要なものなので、不法行為の内容あるいは信義則の内容になるというのは、むしろ当然で、そういった重要であることを認識する必要があると思います。

もう一つですが、法的効果がない、サンクションがない義務であっても、法的義務が否定されるわけではありません。そういったものは他の法文でもあり得ることで、一つの例としては弁護士会照会制度、弁護士法23条の２に基づく照会制度ともいいますが、これは法文上、回答義務が明文化はされていないです。したがって、義務違反の効果、サンクションというのも、明文上は定められていません。しかし、判例上も法的義務と言われていて、回答義務は、法的な義務として存在します。サンクションがないから、法的義務ではないというようなロジックは、僕は正しくないと思っています。

ただ、なかなか言葉の使い方にもよるのか、混乱されているのかよくわからないのですけれども、サンクションが必要、義務という以上は何らかの法的効果が必要だという前提になってしまい、そこまで規定できないから努力義務に落とし込まれたというのが検討会の議論経過です。

そういうことからすると、努力義務であってもやはり重要な規定で、不法行為や信義則の対象には当然なりうるはずだというのが私の理解です。これを実務家がどんどん使うべきですし、できれば研究者の皆さんがどんどんそれを後押しするような論文を書いていただき、そうして、裁判所に、努力義務規定の重要性に気付いてもらうことが必要かなと思っております。以上が私の感想です。

田村　この点に関して、他の先生方は、いかがでしょうか。では中田先生、お願いします。

中田　私は、法的義務にして何が悪いのだという立場からお話します。その理由の一つ目は、やはり法律というものは、わかりやすくないといけないと思うことにあります。事業者にはきちんと警戒してもらわなければいけない。つまり、例えばある契約条項が不明確であるとなると、やはり権利義務関係を理解するときに問題が生じる。それを誰が作るのかと言ったら事業者が作成するわけです。どのような権利義務が発生するかが不明確な条項を作ったら、基本は、その条項は無効でよいはずです。事業者には、そこはきちんとやってもらうということが、やはり本筋です。また普通の消費者には、消費者契約法に書かれている義務が法的義務なのか、それとも努力義務かはよくわからないと思いますし、その区別もわからないと思います。法的救済を受けられないというのはもっと問題です。

私も新聞記者から取材を受けるときに、そのことを説明するのですが、普通の記者さんにはちゃんとは理解してもらえないことがほとんどです。「この規定の意味は何ですか。これは法的義務なのですか」と聞かれると、「いや、それは法的義務じゃありません」と回答します。そうすると、さらに「なぜですか」と質問されるので、「いやいやサンクションが定められていないからです」と説明します。このように、努力義務を入れることによって、法的な権利義務の構造が非常にわかりにくくなっているのです。

そうだとすると、法律の内容を明確にして、どこまでは法的義務が生じるのか、生じないのかというのを、やはり規定するべきです。平尾先生が報告された通り、また他の先生方もそう考えておられるのではないかと思いますが、そうした努力義務違反の状況を信義則であるとか不法行為を介在させて法的義務にすることができるというのであれば、それをきちんと明文化することが必要です。それは裁判官が必要なときに躊躇なく法を適用することにつながると思います。外国の例を見ても、EU のような大きなマーケットでも、こうした透明性の要請を取り込んでいます。日本でも、裁判官が容易かつ積極的に契約条項の不当性を判断できるように支援する法規定が望まれます。

田村　この努力義務について他の先生方はいかがでしょうか。ご意見がないようであれば、次の問題に行きたいと思います。不当勧誘取消規定についてということで、この問題も、まず鹿野先生にお話いただくのがよいかと思いますので、鹿野先生、よろしくお願いいたします。

2　不当勧誘規定（4条）について

鹿野　ありがとうございます。先ほどの私の問題提起でもお話させていただいたところではございますが、不当勧誘による取消規定については消費者の合理的な判断をすることが困難な事情を不当に利用するという、つけ込み型勧誘の受け皿規定は、残念ながら2022年の改正でも設けられなかったところであります。

2022年の改正、あるいはその前の2018年改正もそうですけれども、個別の場面に特化した困惑類型の規定が付け加えられるということになったところです。ここにはやはり立法的な課題がまだあるのだろうと思っているところですが、要件事実の講演会ということなので、まずは、現行のこの規定をどのように活用していくかということを、解釈上の課題として検討すべきものと思います。

この点、解釈の方向としては4条3項各号に定められた不当勧誘行為を、その各号の条文の趣旨に沿って柔軟に解釈するということが考えられるのではないかと思われます。既にこのような柔軟な解釈は4条の他の場面でもとられてきたということは、先ほど池本先生のコメントでもお話がございました。つまり、池本先生からは、4条5項の重要事項を引き合いに出してお話がありましたし、また4条3項の困惑類型のうち、3号と4号の「社会生活上の経験が乏しい」という文言についても、文言から受けるイメージとは違って、若年者だけを意味するものではないということが国会でも確認されてきたということのご紹介もありました。

このような例に照らせば、4条3項の定める他の不当勧誘行為についても、一見非常に切り刻んだ限定的な要件を定めているように見える条文でも、まずはその規定がどのような被害を念頭に置いて、どのような趣旨で設けられたのかというその趣旨を十分に確認し、その趣旨に沿った形で文言を柔軟に解釈するという方向性が考えられるのだろうと思います。先ほど平尾先生からも既に4条3項の具体的な条文に即して、説得力を持って主張されたところだと思います。私もそのお考えに賛成するところでございます。

この点に関して、カライスコス先生、海外のことも踏まえて、ご意見等がおありになればお願いしたいと思いますが、いかがでしょうか。

カライスコス　はい、ありがとうございます。まさに鹿野先生がおっしゃられたようにEU法の視点から見ても、個別の規定とか、個別の場面だけを想定している規定では足りないということを私も考えております。受け皿規定がなければ、社会とか技術が進展する中でいろいろと新たな問題が生じるときに対応できないということです。さらにもう一つは、そのような社会とか技術の進展はさておき、現状においても、やはりその抜け道を特に悪質事業者に提供してしまうということになります。日本法、日本の消費者法で今までされてきたように悪質事業者が、そういう個別の規定の抜け道を利用して悪質な商法を行って、それによって一定の規模の被害が生じた場合にまた後追い型の立法をして、というような悪循環が継続しているようにも思われます。そこはやはり受け皿規定をしっかりと設けて、明確に対応ができるようにするべきであると考えております。

なお、このような受け皿規定がない、という状況は消費者保護の視点から問題が多いものだということだけではなくて、健全な事業者の事業活動にも影響を与えているという視点がEUでは特に重視されています。つまり、健全な事業者であればそのような抜け道を悪用するような事業活動を行わないわけですが、悪質な事業者がそれを行うことによって市場のシェアを広げて利益をあげることで競争に歪みが生じてしまいます。鹿野先生が指摘されたように、日本法の現状であれば、柔軟な解釈で対応するところかと思います。

なお、今後の日本法のあり方については、先ほどのコメントの中でご紹介したEUの不公正取引方法指令の仕組みがかなり参考になるのではないのかと思います。先ほど申し上げたように、そのような抜け道を残しておかないということで一般条項が置かれています。また、不公正取引方法指令は、2005年に制定されたものなのですが、今日に至るまで、一番大きな修正が2019年の現代化指令によるものだったのですが、その際にもブラックリストに項目が四つほど追加され、他の規定にデジタルという言葉を追加したりする程度で、実際にそれほど大きな修正をしなくても既に何年もそのまま続いていることなどが、特に参考になるのではないかと考えます。

田村　それでは先ほど平尾先生のお話も出ましたので、平尾先生、何かございましたらお願いします。

平尾　はい。多少繰り返しになりますが、３号では例えば、「同行」という要件がありますが、これは必要なのか。少なくとも物理的な同行である必要はないと考えます。勧誘目的を秘して、任意退去困難な場所に移動させて勧誘すれば、同行しようがしまいが、それは駄目なはずです。実際、電話で指示をするとか、LINE で指示して移動させる方が普通であって、手と手を取り合って二人で行くことはむしろ逆にないと思います。そういった意味では、ここの「同行」というのは、そういった物理的な同行よりも広い概念で考えないと意味がないし、立法趣旨からしてもそう考えるべきです。

それから４号の「威迫する言動」ですが、連絡しようと思ったけれど事業者の行動でそれを諦めてしまった、この諦めさせるに至った事業者の行為があれば足りると思います。もちろん何らかの事業者の行為は必要になるかもしれませんが、そこにあえて「威迫」というようなことを重視する必要はないですし、それが立法趣旨からも導かれます。また、事実認定のレベルからみると、何らかの言動で諦めたのなら、それは「威迫する言動」であったという事実が認定されるということが、実務的にはあるのかなという気がしています。まずは、そうした解釈論で救済できる法案にしていくことが必要かなと思っております。

田村　解釈の方向性という点では、中田先生からもご意見いただければと思います。

中田　二つの点についてお話しします。カライスコス先生のコメントにもあったように、法律に細かく規定を置いても、それだけだと新しい問題を処理しきれないことになります。そんな細かい規定ばかりだと、詰まるところ、新たな事例が出現したとき、裁判官が困るのではないかと思います。細かい規定だと穴ができがちで、規定の適用ができなくなるおそれがあります。重要なことは、不公正な契約に国家が効力を認めてはならないという視点です。そういう点ではドイツ法を見習って裁判官のために、もう少しきちんとした包括的な規定を作ってあげないといけないのではないかと考えています。このことが一つ目です。

もう一つは、つけ込み型を消費者契約法で扱うことについてです。鹿野先生のご報告でも指摘がありましたが、私見としては、そもそもこの問題の性質からいうと、情報力の格差でもないし、交渉力の格差でもないと考えています。つけ込み型は、まさに相手の弱みを握って、あるいは信頼関係を利用して、そういう状況を知りながら、それにつけ込んで利益を上げる不公正な取引です。その前提として信頼関係を形成したり、相手の情報を集めたりするようなことが行われています。昨今問題になっている霊感商法のところでも、やはり宗教心を形成し、また前提にして、通常ではありえない「取引」が成立しています。マインドコントロールはまさにその前提を作り出しているのです。そうだとすると余計に、そういう関係があればこそ、厳しく相手の自己決定を保障するための注意義務や配慮義務が働くのだという見方で考えなければいけないと思います。そういう意味で、これは単に消費者契約法の問題とするわけにはいきません。むしろ、取引の公正性を確保する枠組みを含めた形で考えていく必要があります。まさに、つけ込み型は民法が予定している規律の対象ではないかと思うわけです。講演の中では十分にお話できなかった点なのですが、私はこの問題は、民法が本来的にカバーすべきであると考えています。具体的には、民法の一般条項において、私たちの社会が目指すべき方向を規定し、それを具体化していくことです。そういう意味で、2017年の民法改正は不十分な点があり、様々な形で出てきている社会問題をもはや処理しきれないものとなっています。民法学に課せられた重要な課題として、これを受けとめて考えていく必要があります。大風呂敷を広げるつもりはないですが、鹿野先生が最初にご紹介された2023年の消費者法学会でこういったテーマも扱う予定ですので、その時にまたお話しができればと思います。

田村　他の先生方は、いかがでしょうか。今の議論等を踏まえて他に付け加えることがありましたら。

池本　一言だけ。先ほど、平尾先生から出た、退去困難な場所という規定、遠方まで連れ出していって帰れない状態にして勧誘するという規定が入ったことに関して、非常に特殊な、重箱の隅を突くような規定が置かれているのですが、実は、特定商取引法６条４項では、販売目的を告げないで公衆の出入りしていない場所へ呼び出して勧誘する行為が罰則付き禁止行為になっているのです。

ただ、なぜか取消権の規定と連動していなくて、むしろ消費者契約法は特商法の規定と今回の類型を含めた包括的な規定にすればいいのに、そうなっていないのはなぜでしょうか。特商法があるから遠慮したというのはおかしな話で、特商法はその類型で行政規制もあるけれど、民事で言えば、両方含めていいはずです。そうだとすると解釈論としても、退去困難な遠くまで連れて行くということである必要はない。むしろ、特商法が予定しているような類型も含めて、退去困難なケースは両方とも対象になるというぐらいに広げて解釈して良いのではないかと思うところです。

田村　それでは次のテーマに参りたいと思います。９条１項１号の平均的損害についての立証責任ということで、この問題につきましては実務家の先生方からご意見をいただいた方がよろしいかと思いますので、まず、池本先生、お願いしてよろしいでしょうか。

3　「平均的損害」（9条1項1号）の立証責任について

池本　はい。適格消費者団体としては、不当条項を問題にするという場面でこの条項はしばしば登場するのですが、いくつかの訴訟の中で、その立証責任が消費者側にある、あるいは何と何を考慮するかというあたりについても非常に不透明であるという関係で、なかなか逡巡することが出てくるのです。

これまでも例えば、着物の貸衣装レンタルのケースであるとか、結婚式場の予約だとか、裁判外の申し入れをして、自主的な是正をしてもらったり、貸衣装については訴訟までいって和解で解決したり、あるいは探偵事務所の中途解約についても訴訟までいって和解で解決しました。いずれも事業者側が自主的に対応しますということで協議をして、それで和解をしたという形で解決しているのですが、仮に争われたらどうなるのかということを考えていくと、躊躇うというケースは若干あるのです。

この部分はこの事案が駄目だというのはなかなか言いづらいのですが、一つだけ、結論としてはうまくいったものですが、復縁サポート業務委託契約という、別れさせるのではなくて、復縁させるのだと言って復縁なのか別れるのかの決着をつけるといった事業があって、かなり高額の費用で、なおかつ中途で止めたら、そこまで行った業務の費用と残金の50％を解約手数料とする、という条項がありました。かなりのところまで業務が進んで残金の50％ならまだわからなくはないのですが、着手して間もない時期にやめたにもかかわらず、残金の５割もとられるというのは、これはどう考えてもおかしいというので、是正の申し入れをしました。

結果的には非常にひどい業者で、その条項だけではなくてもっと他に弁護士法違反とか、他の違反もいっぱい並べ立てたので、訴訟にまで至る前に向こうが手を引いたというのが実情なのですが、これなんかは同種の他の事業者の例が見当たらないケースでした。貸衣装のケースで言うと、比較的健全にやっているところの数値を見て比べて、そのあたりを立証材料として提示できるだろうと思うのですが、特殊な事案でこういう費用がかかるのだとか、全部を外へ委託しているからそっちの損金が出るのだなどと言われたらどうするのだろう、訴訟になってどうするかというような話をしていたのです。本当にこの立証責任が、業界における平均値がない、当該事業者における損害の平均値が見えないというのは、何とかしてもらわないと困るというのが実情です。

田村　それでは平尾先生、お願いします。

平尾　はい。今回の改正は、９条の構造そのものを検討する時間がなかったので、とりあえず既存の制度を前提に、立証責任が消費者にあることを前提で、立証責任の軽減策が組み立てられました。それは、先ほど解説した通りです。ただ、もともとは、現行法の構造がこれでいいのかという根本的な問題があります。

不当条項では、一応、10条が一般的規定で、その他は８条も含めてブラックリストを規定したみたいな言い方がされていて、9条も8条と同じくブラックリストという理解がされているのですが、よくよく考えると、この9条の平均的損害が極めて規範性の強い、広い要件であることから、この9条の中にも、一般規定、解釈指針、ブラックリストみたいなものが実は要るのではないかとも思います。それが放置されているというのが問題の根本かな、と思います。

そうすると、現状でも、平均的損害の解釈指針あるいは定義が必要になってくると思います。これをどうするか、実は検討会でも解釈指針を示すあるいは定義化しようともなったのですが、それが少し難しくて実現には至りませんでした。ただ、判断考慮要素というのは既にこれまでの裁判例で積み重ねられていて、あまり異論はないと思います。逸失利益を考えるときには代替可能性を当然考慮することになっています。そうすると、判断考慮要素は既に解釈指針として示すことができるはずなのですが、今回それを明文化しようとしたら、内閣法制局が反対したようで、削られました。ただ、やはり法律上に明文化すべき話なのですが、仮にそれができないとしても、グレーリストというか解釈指針、ソフトロー的にガイドラインでもよいですけれども、これをきちんと示していくことが、とりあえず現状では必要なのかなと思っています。その上で、これはアウトというものをブラックリスト的に示せるものができればいいと思います。9条の構造は根本的に変える必要があるという方もいらっしゃいますが、僕は現行法を前提にして組み立てればいいかな、という意見です。その上で、実務上、問題になるのは、立証負担がどちらかと言う前に、何を立証したらいいのかという点なので、その点の整理が必要であり、この問題の背景としてはそんなところがあるのかなと理解しております。

田村　研究者の先生方で、この点を踏まえて何かご意見あれば、よろしくお願いいたします。

中田　言いたいことはいっぱいあるのですが、時間が迫っているので、簡単にコメントします。一つは事業者と消費者の間の取引では公正な取引をすることが要請されます。これは一般的な取引ルールとして存在しているのではないかと思います。例えば、商取引で議論される損害軽減義務などです。そういうことを前提とした上で、きちんとした取引、つまり公正な取引をしましょうということを、法律のどこかで書いておかないといけないと思います。

田村　他の先生方はよろしいでしょうか。それでは四番目の問題ということで、最後、不当条項の規制について議論したいと思います。この問題についても鹿野先生から最初におっしゃっていただければと思います。

4　不当条項規制（10条）について

鹿野　はい。ありがとうございます。これも、既に私の最初の問題提起でもお話をしたところですが、10条あるいは不当条項の規定全体のあり方ということをやはり考えなくてはならないということです。10条については、これが全く役に立たなかったというわけではなかろうとは思っています。例えばその後に追加されてきた８条の２とか８条の３は、10条に基づいて、裁判例でも無効と認められたようなケースを取り出して、それを不当条項として明文化したものであろうと思います。しかし、先ほども申しましたし、中田先生からもご指摘があった通り、これは期待されたような形では機能してこなかったということで、私のレジュメでは10条の機能不全と書いているところでございます。機能不全の原因の一つは、原因という言い方がいいのかどうかわかりませんけれども、後段の要件の解釈にあるものと思います。

賃貸借の、例えば敷引条項に関する裁判例などを見ても、10条の要件のうち、前段は認められるということなのですが、後段要件の、信義則に反して消費者の利益を一方的に害するという要件が、判例・裁判例では非常に厳格に解されてきたように思われるところでございます。消費者契約の不当条項審査においては、消費者契約法の前提として１条にも書かれているように、当事者の情報と交渉力の格差というのが、まずは出発点に置かれるべきであり、10条後段の信義則の考え方についても、民法一般におけるレベルの信義則ではなくて、消費者契約における格差を前提としたところの信義則として捉えられるべきだと考えているところでございます。

それからもう一つの原因といいましょうか理由は、立法的な問題になりますけれども、不当条項の具体的リストがいまだ数少ないということにあるのだろうと思います。これは、どっちが鶏でどっちが卵かという問題もありますが、リストがある程度の数あれば、それらのリストをいわば指針として、10条の適用についてもより積極的な展開が期待されるのではないかと思われるのですが、リストが今のような形で少ないと、10条の適用についても慎重にならざるを得ないという状況が生まれているのではないか、と思われるわけであります。

また、ブラックリストについては、いつでも不当条項として無効になるというものを設けることには慎重にならざるを得ないということがあるとすると、先ほども言いましたが、グレーリストを日本の消費者契約法においても導入することが、10条の発展という観点からも、重要なのではないかとも思われるところであります。

この点に関しては、先ほど平尾先生のご講演の中でも少し触れられていましたし、あるいは10条については、先ほどの９条１項１号との関係でも少し言及されたところではありますけれども、平尾先生、10条に関して追加でご指摘はありませんでしょうか。

平尾　はい。10条は、いくつもの論点を抱えていますので、どれから話したものかみたいなところはありますが。まず、一般規定としてありながら、実務であまり機能していないというのは、これは裁判所の問題と思います。最初は積極的に無効とする裁判例もあったのですが、段々とそういうのが少なくなってきています。やはり裁判所はどうも現状を変える、現状使われているものを無効とすることを躊躇するようです。現状追認の思考パターンの方が強いので。そういう意味では、やはり一定の限界がこの間、見えてきたかなとは思っています。

更新料の裁判では、高裁レベルは五つ判例が出ましたが、１年の契約で２ヶ月分の更新料を取る条項は全て無効という判断となりました。しかし、最高裁は、政治的な判断か何か知らないですけれども、契約条項の解釈論みたいな話を持ち込んで、これは賃料の一部としました。一般消費者からみたら、明らかに更新拒絶権を放棄させる条項なのですが、そこを解釈論で逃げて、有効としてしまいました。

そういった事例を見ていくと、やはり解釈指針が必要だと痛感しております。

グレーリスト、違法・不当性を推定させるリストという形も必要ですし、もうちょっとソフトロー的あるいはガイドライン的に、法文、法律じゃない形で作り込んでいくという考えもあるのかもしれない。いずれにしてもそういったものを作らないと、裁判所を性善説的に期待していくのだけでは、やはり少し限界があるなというのが実務家の感想でございます。

田村　不当条項に関しましてはカライスコス先生もお触れになったと思いますので、コメントをお願いできればと思います。

カライスコス　はい、ありがとうございます。先ほどのコメントの中で申し上げたようにEUの不公正契約条項指令の中では、要するに、一般条項と、かなり充実したグレーリストという組み合わせが実現していて、同じく先ほど申し上げたように、いわゆる下限平準化指令ですので、そのリストの一部または全部をブラックリストにしている国も見られるところです。

なお、今の平尾先生のお話を伺って考えていたのですが、EUでは一般条項だからなかなか機能しないという状況はないように思われ、むしろEUではそのさらに一歩進んで、先ほど平尾先生がおっしゃられたように、そもそも、不公正契約条項の規制の背景にある事情としては、事業者と消費者という両当事者の格差が念頭に置かれているのかとは思いますが、日本法では、本日いろいろな視点からお話があったように、実体法レベルではそれについて一定の手当が不十分ながらもされているところ、EUではさらに進んで手続法においても手当てがされています。欧州連合司法裁判所という裁判所の一連の判例で、具体的な事案において当事者から主張はないのだけれども、その事実を考慮した場合に特定の契約条項が不公正だというような場合には、消費者側などからその主張がなかったとしても裁判所は職権で不公正性を審査して判断しなければならないということが判例上確立されています。

それはなぜかと言うと、先ほど申し上げたように、いくら実体法レベルで手当てをしても、それが手続法レベルと連携していなければ機能しないという考え方によるわけです。EUでは不公正契約条項以外の分野でも、そのような裁判所による職権での審査が消費者取引では確立されていますが、その始まりとなったのがまさに不公正契約条項の審査の部分で、個人的には日本法でもこのような方向性で更に拡大をしていっても良いのではないのかと考えているところです。

田村　池本先生も先ほど不当条項についてはお触れになっていたかと思いますけれども、何かございましたらお願いします。

池本　不当条項規制をきちんと活用できていないというのは、やはり裁判官の姿勢をどう引きつけていくかということです。裁判官と話していると、長年の職務として、個々の事案についてどういう判断を下すか、どういう結論を下すかということでやってきた。そういう職務なので、この契約条項が無効であるとか、この契約条項を使うな、差し止めるというような判断については、どうも自分たちがそこまで影響のあることをしていいのかという意識が根強いと思われます。

先ほど二つの裁判例を紹介した後の方の裁判例のベテラン裁判官は、「合理的限定解釈を活用するというのは妥当な判断のためには不可欠だと思うんですがね」と言っていました。いやいや、一般事件でそう使うのはいいけれども、差止請求では違うでしょう、という議論をしました。最終的には３人の裁判官の合議の中で、良い方の判断に落ち着いたのだと思うのですが、そこまでいく前に、差止請求訴訟においては相当の機能を果たすことが裁判官の役割として付与されているというところを、もっともっと研究者の皆さんからもアピールしていただきたいと思います。

田村　最後に、中田先生、いかがでしょうか。

中田　私も、皆さんがおっしゃる通りだと思っています。今後、消費者契約法10条をどのように機能させていくかは、真剣に考えなければならない重要な課題だと思います。契約は、個別の当事者が取り決めたことがらとして尊重されるのですが、他方で、それに効力を与えるには、社会が承認するプロセスがあることも考慮する必要があります。そこには、取引の公正さの要請が満たされていることが前提であると私自身は考えています。そこから、池本先生が指摘されたところですが、裁判官がこの契約を見て消費者法の目的を考えて、どういう形でこの契約を社会の中で展開していくのかということまで、やはりある程度きちんと考えていかなければいけないと思うのです。その目的というのは、やはり消費者法が目指す目的でなければいけない。当事者が形式的に合意するところを尊重するだけでは、駄目であるという点についてしっかりと考えておかなければいけないと思います。

そこでは私も、ある裁判官から聞いたときに驚いたのは、「いや、それぞれの当事者が何を言うかわからない、嘘言っているかもわからない、契約書が大事だ」ということを強調されたことです。こうした実務のあり方自体を全面的に否定するつもりではないのですが、契約というものが社会においてどんな機能を果たしていくのか考えることは大切です。すでに述べましたが、裁判所は不公正な契約を承認してはならないという視点が、消費者契約法の中ではとくに重視されるべきだと考えています。消費者契約法の10条は、不公正な契約条項にみえるものであっても、特別法による強行法で一方的に条項の効力を奪うというスタイルで規制してはいません。そうではなく、任意法規等の基準に照らして、当事者の具体的なビジネスモデル、事業者のビジネスモデルを評価し、場合によっては、それが社会的に承認される余地を残しています。もっとも、そうであることの説明は事業者がしなければいけないと定めていると考えています。つまり、事業者は、事業をすることで社会の仕組みを利用し、そして社会の中で利益を得ているのですから、消費者がそれに疑義を唱えた場合には、事業者においてそれが公正な取引によるものであることを主張・立証しなければならないのです。裁判官によって、いわば社会的に、疑義のあるビジネスモデルが審査されることになるのがこの仕組みです。日本で、こうした発想に基づく制度が機能しないのであれば、行政法による事前規制や強行法で厳しく事業者の行為を規制することが必要になります。不当条項審査は、そうではなく、司法を介在させて契約の公正さを判断する柔軟なシステムですし、契約のコントロールに適合的です。この点を事業者の方もしっかり踏まえて対応していくことが必要です。不当な条項を利用する事業者から消費者を守り、同時に公正な取引をする事業者をも守るシステムです。事業者の代表の方々もこうした法の機能を十分に理解し、立法の過程で横槍を入れないようにして、みんなで健全な市場をつくるために協力していくことが必要ではないかと思います。

田村　先生方、ありがとうございました。大変勉強になりました。それでは、質疑応答に入っていきたいと思います。あまり時間がなくて恐縮ですけれども、ご質問のある方はミュートを外していただいてご所属、お名前、それからどなたに対する質問かということを言っていただいて質問をしていただければと思います。質問者が多いようであれば、田村宛にチャットで、簡単で結構ですので、誰に対する、こういう内容の質問と書いて送っていただければありがたいと思っております。それでは最初に質問されたい方は、どうぞご発言いただければと思います。

［質疑応答］

尾島茂樹　よろしいでしょうか。金沢大学の尾島と申します。本日は貴重なご報告ありがとうございました。大変勉強させていただきました。ダイナミックなお話をお聞かせいただいたところで、すごく細かい話で申し訳ないのですけれども、少し気になったということでお聞かせいただければと思います。

努力義務の規定が入ってかなり重要性が増していくということで、どなたにということになると鹿野先生か平尾先生かわからない、皆様でも結構なのですけれども、結局、努力義務違反というのをどのように認定していくのかな、というようなことが少し気になりました。どの程度のことがあれば、ということですけれども、おそらく、これは規範的要件といいますか、評価的要件といいますか、そのような要件になっていくと思うので、従来の過失と同じような構造で評価していくということになろうかと思うのです。まず前提としておそらく、広い意味での立証責任は消費者の方が負っているということになろうかと思うのですけれども、評価根拠事実について消費者の方が主張していって、評価障害事実について事業者の方が主張をしていくということになろうかと思います。

いずれにしても義務違反があるかどうかということを判断するときに、例えば事業者の方は、全事業者を、要するに今消費者の中でもいろいろいるという話が出てきているのですけれども、事業者の方もいろいろいると思うので、例えば全事業者が基準なのか、あるいはそれを同種同規模の事業者が基準になるのか、あるいはさっき平均的にという話もありましたが、当該事業者の努力義務違反というのが問題になるのかというようなことが気になったところです。

これが、違反があるとすると、不法行為などに結びついていくような話なのですけれども、この義務違反がすなわちその過失というようなことになっていくのか、それともまた何か一つ評価があって、義務違反なのだけれども過失と評価できるので不法行為だというような話になっていくのかということも少し気になりました。すごく細かい話で申し訳ないのですけれども、聞いていて気になったので、ご質問させていただきました。よろしくお願いします。

田村　それではまず鹿野先生、その後、平尾先生ということでよろしいでしょうか。

鹿野　ご質問ありがとうございます。特に今年の改正の経緯や、そこでの議論を踏まえた話は平尾先生から改めてお聞かせいただきたいと思うのですが、私の感触では、努力義務というように何故なったのかという点にひとつのヒントがあるように思います。この中には、努力義務にとどまらない法的義務として規定してもいいのではないかと思われる部分もあるのですが、一つはやはり消費者契約法の適用対象が広く、消費者契約というといろいろな種類のいろいろな態様の契約が入っているので、一概に、一定の法的な効果を直ちにもたらすというような作り方が難しかったという事情もあるのかと思います。

そういう考え方が本当に正しいのかどうかはわかりませんけれども、少なくとも、従来の民法上の、信義則に基づく説明義務とか情報提供義務の違反による損害賠償請求訴訟などでも、当該取引がどういうものであって、問題となっている提供すべきとされる情報が、この取引にとってどういう必要性があるものなのかというところをまず押さえて一定の義務を認め、その違反があったために、例えば消費者取引だったら消費者にこういうような誤認を与えてそれで損害を生じさせたというようなことを、まず基本的には消費者の方が立証しなければならないということだろうと思っています。

ただ、その際にこの努力義務規定があるのとないのとでは義務の認定において少し違いがあり、あくまでもそのように取引の事情により異なる余地はあるとしても、基本的な評価の方向性についてはここに書いてあるというところが、その法的義務を認めていく上で重要な手がかりになるのではないかと、そういうことを考えておりました。平尾先生いかがでしょうか。

平尾　はい。ご質問の努力義務も、やはりいろいろありすぎるのですが。例えば、2号などの情報提供義務や、解釈について疑義が生じない明確なものとする原則ですが、要件事実的には当然消費者が立証していくことになると思います。では何を立証するのかとなると、やはり一般的な話になってきて契約類型によって異なってくるのかなと思います。契約類型毎にみて、この契約類型においては、このような条項は一般的にこの程度明示しないとわからない、説明しないとわからないということが決まってきて、それを消費者側が立証していくのかなと思います。もちろん抽象的な規範であればあるほど、それなりにハードルが高いのかなとは思います。

ただ、今回新しく創設された義務規定、例えば定型約款の表示請求権に関する情報提供の努力義務ですが、そもそも定型約款をいつでも見ることができる状態にしていたらよく、その場合は除いています。この規定が適用されるのは、定型約款をいつでも見られる状態にすらしていない場合が前提となっており、その上で表示請求権すら説明しない場合です。努力義務ですけれども、努力しようと思えばすぐできるはずで、むしろ、努力できなかったことの理由を見つけることの方が難しいというぐらいなのですが、そういったところから義務違反が認定される可能性があるという感じがします。

解除権の行使の方もそうですね。実際の問題になっているのはサブスク契約とか定期契約ですが、ネットで契約したけれども解約の仕方が表示されていない。電話も通じない、あるいは電話がそもそもないので、ネットでやるしかない。そこできちんと解約手順が示されてなければ、どうやって解約したらいいのかわからないというケースがあります。そうしたケースを考えますと、こうした取引類型では最低限この程度の情報提供はするべきでしょうということが一般的に決まってきて、当該事業者がそれすら行っていないということを、消費者側で主張立証していくことになると思います。

今回できたその二つは、比較的義務違反がイメージしやすいというか、これまでの抽象的な努力義務に比べると義務違反が認定しやすいと思います。あとはその義務違反をどういう法的効果に結びつけるのかというところの議論になっていくような気がしています。実際使ってみないとわからないし、具体的な事例を基にしないとわからないところではありますが、私の方で今お答えできるのはそういったことになります。

尾島　どうもありがとうございました。

田村　すみません、私は司会なのですけれども、今の議論をお伺いして、少し思ったことがありまして、発言をお許しいただければと思います。例えば、事業者なので、そもそもその情報を提供するような義務はあるのだということで、評価根拠事実としてはほんの少し言えばそれでいい。例えば、契約の目的やその内容を言えば必要十分である。例を挙げれば、不法行為の過失というのは予見可能性と結果回避義務違反だということで、予防接種をした、その後具合が悪くなって亡くなってしまったということを主張立証すれば足りて、過失の推定などとも言われますが、医師のほうで適切な問診をしたことを主張立証しなければならないという判例があります。それと同様に、その評価障害事実において、かえって事業者の方で、こういった内容の説明をしましたよ、こういう状況で何回説明しましたよ、ということを主張立証させるということも考え方としてはあり得るのかなと、少し思った次第です。すみません、出過ぎたことを申し上げました。

それでは次の質問ですけれども、チャットで、鈴木敦士先生から中田先生にご質問があるとお寄せいただいたので、鈴木先生の方から口頭で質問を再度おっしゃっていただければありがたいと思います。

鈴木敦士　弁護士の鈴木です。聞こえますでしょうか。要件事実研究会ということで私は要件事実に苦手意識があるものですから、決死の覚悟で来たのですけれども、あまり要件事実の話がなくて良かったなという、a ＋ b とか、せり上がりとか言われなくてよかったなと思います。

中田先生のレジメの中に、広告の内容を契約内容に取り込むという考え方が出てきていて、今の消費者契約法にない発想だと思ったのですけれど、契約内容に取り込まれた場合というのは、契約内容はそういう内容になるので、不実でもなくなって不実告知の取消しができなくなるのではないかという気がするのですが、不実告知の取消しとこの契約内容に取り込むという発想というのは、一つの事案においては両立しないということになるのか、それとも消費者が選択的に行使できるということになるのかというのが、まず質問の第一点です。

そして、契約内容に取り込まれて履行請求できるといっても、そういう変な業者とはもう付き合いたくないという感じになることが多くて、契約解消したいと消費者が思うことの方が多いように思われます。履行しますと事業者に言われたときに損害賠償を請求するためには催告をしなければいけないのかどうなのかとか、いろいろ問題が出てきそうな気がするのですが、その辺はどのように考えたらよいのでしょうか。

中田　消費者は、基本的には事実と異なることを告げるという立証ができれば、もちろん不実告知に基づいて取消権を行使することができます。また、誤認を惹起するような表示であれば、日本では、民法の錯誤でこれを扱えるかという議論がありますが、私は認める立場です。ヨーロッパのところでは錯誤の中に入ってきますので、それを理由に当然、取消しができるとされています。取消しの可能性も、履行請求と併存するという、そういう考え方です。両制度においては、立証責任のあり方が違ってくるかもしれませんが、それはいずれまた別の機会に議論したいと思います。

履行請求ができるとする発想は、契約当事者は、やはり約束をしたら、その内容を実現しなければいけないという前提によるものです。事業者の方もいい加減なことを言っていても、責任をとらなくても大丈夫ということではなく、宣伝も含めて契約させた以上、それでは済まない、契約内容をきちんと履行しなければいけないという自覚を持つことが重要であると思います。消費者が、契約を維持することを望んだとしても、そうした不実の説明をした事業者と契約することで、他の事業者と有利な契約をする機会を失ったことで損害が生じたケースでは、損害賠償請求も可能にする枠組みを確認しておくことが必要です。私の報告では、そうした側面について説明しました。

具体的な問題として、たしかに消費者としては不誠実な事業者との取引から離脱したい場合があること、それが一般的であることも理解しています。でも、まずは契約当事者が互いに契約の目的を理解してその内容の実現に努力するという方向で考えていくことが、契約の基本構造からみて大事ではないかという観点で説明しました。先生のご質問のような場面では、付随的な義務違反があり、重大な債務不履行と評価されれば契約解消もできるように思います。

鈴木　そうすると並列的であるということで考えればよいということでしょうか。

中田　はい、一応今のところはそのように考えております。

鈴木　わかりました、ありがとうございます。

田村　それでは終了時刻が迫ってきておりますので、これで質疑応答は終わりたいと思います。最後に、島田新一郎本学法科大学院研究科長より閉会の挨拶があります。

［閉会の挨拶］

島田新一郎　本日は、ご多忙の中、多数の研究者また実務家の先生方がこの講演会にご参加くださったことに、心より感謝し、御礼を申しあげる次第です。本当にありがとうございました。

本日は、慶應義塾大学大学院法務研究科教授の鹿野菜穂子先生、京都弁護士会の平尾嘉晃先生、龍谷大学法学部教授の中田邦博先生を、お迎えしてご講演をしていただきました。また、埼玉弁護士会から池本誠司先生、京都大学大学院法学研究科准教授のカライスコス　アントニオス先生をそれぞれお迎えして、貴重なコメントを頂戴した次第です。

いずれもたいへんご高名な先生方をお迎えして、充実した素晴らしい講演会を開催できましたことは、創価大学法科大学院にとって、たいへん名誉なことであり、また研究科長として、これ以上うれしいことはございません。

ご担当くださいました先生方に、衷心より御礼申し上げたいと思います。本当にありがとうございました。

冒頭、須藤先生や鹿野先生からもご案内がありましたとおり、今から15年前の2007年の12月１日に「要件事実教育研究所」として初めて開催した研究会が、この「消費者法要件事実研究会」でありました。

それから15年の間に、消費者を取り巻く社会環境も大きく変容しまして、それに対応して消費者法も数回にわたって改正がなされるなど、消費者法の役割がより一層重要性を増していることを本日実感いたしました。また、同時に消費者問題に取り組んでおられる研究者・実務家の先生方が本当に重要な社会的使命と責任を果たされていることも改めて実感することができた今日の講演会でありました。

コロナの感染も第８波に向けて徐々に拡大しつつあるという状況ですが、全体としては小康状態を維持している中で、本来ならば対面での講演会開催ということを考えてはいたのですが、本日、40名余りの先生方がご出席くださったことに鑑みますと、オンラインでの開催ということも、対面と並ぶ重要な講演会の開催方式になったことを改めて実感しております。

これは仕方ないことなのですが、講演者の先生方とコメンテーターの先生方以外の参加者の皆様のお顔が全く見えないまま終了するというのも少々寂しい気もいたします。かくいう私も最後の挨拶までずっと画面オフにしていたので、言えた義理ではないのですが、次回の講演会も、もしオンラインで実施するというときには、最初と最後ぐらいは、「皆さんお顔を出しましょう」みたいなことはあってもよいのではと思った次第です。

最後に、今後とも要件事実教育研究所の活動に、ご理解とご協力をいただきますよう、心よりお願い申し上げまして、簡単ではございますが、閉会の挨拶とさせていただきます。本日は、本当にありがとうございました。

田村　ありがとうございました。それでは、Zoomから退出されて結構です。長時間、本当にありがとうございました。

講演レジュメ

鹿野菜穂子

平尾　嘉晃

中田　邦博

講演1レジュメ

消費者法の展開と要件事実上の課題

鹿野菜穂子

I　はじめに

本講演は、全体の総論として、消費者契約法の制定からその後4回の改正（このうち、実体法のルール改正は3回）を概観するとともに、これらの改正によって、消費者契約法のルールがどのように進展したのかを検討するとともに、解釈上の課題を指摘し、さらに、解釈の限界を踏まえた今後の立法上の課題にも若干言及する。

法科大学院要件事実研究所では、平成19年に「消費者法要件事実研究会」が開催され、その成果が公表されている[1]。また、平成28年には、「債権法改正法案と要件事実 講演会」が開催され、その成果も公表されている[2]。本講演では、これらの講演会で指摘されていた消費者契約関係の課題等が、その後どのように展開されたかをみることにもなる。

II　消費者契約法の改正の概観

1　消費者契約法の制定

消費者契約法は、2000年に制定され（平成12年5月12日公布）、翌2001（平成13）年4月1日から施行された。

1 ―法科大学院要件事実教育研究所報第6号（2008年3月刊行）。
2 ―法科大学院要件事実教育研究所報第15号（2017年3月刊行）。

(1) 同法制定の意義

消費者の利益保護に資する法律は、消費者契約法制定以前（20世紀）にも多数存在していたが、その多くは、行政規制に係るものであった。民事ルールについても、例えば、訪問販売法（今日の特定商取引法）におけるクーリングオフの規定などをはじめ、重要な特別ルールが存在したし、一部の特別法には契約ないし契約条項の効力に関わる規定も見られたが、これらは限定的な対象取引についてのみ適用されるルールであり、それ以外については、消費者の権利救済は基本的に民法に委ねられていた。

2000年に制定された消費者契約法は、消費者と事業者との間の情報の質および量並びに交渉力の格差を正面から捉えて、民法の特別法として、消費者契約一般に適用される民事ルールを設けたという意味で、画期的な法律であった。

(2) 制定時の消費者契約法の内容とその機能

制定当初における同法の主な内容は、①事業者の不当勧誘行為により誤認または困惑した消費者に取消権を認めること、②消費者契約における消費者の利益を一方的に害する不当条項の無効、③３条１項における事業者の努力義務規定であった。

このうち①は、民法の詐欺・強迫による取消しの規定（民法96条）と並んで、消費者に、より緩和された要件の下で取消権を認めるというものであり、要件事実の観点からも、民法の詐欺または強迫による取消しにおいては、取消権を行使する表意者の方が、詐欺・強迫が故意に基づくものであることを主張立証する必要があると解されてきたのに対して、消費者契約法に基づく取消権の行使には、そのような故意は不要とされ、より客観的な事業者の行為が要件とされている点で、消費者の利益保護に資するものである。

また、②の不当条項については、例えば、いわゆる学納金返還請求訴訟において、４月１日以前に入学辞退があった場合における大学側の学納金不返還特約は消費者契約法９条１項１号により無効である旨の判断が最高裁で確定した[3]。これにより、民法の規定に基づく請求では救済が困難な問題が消費者契

3　最判平成18年11月27日民集60巻９号3437頁、同号3597頁、同号3732頁、集民222号275頁、同号511頁など。

約法に基づいて救済されうるという同法の意義が明確に認識されることになった。

なお、③の努力義務規定は、その努力義務に違反したことが直ちに契約の法的な効力に影響するものではないが、従来から、契約締結過程における説明義務違反を理由とした損害賠償責任を認める裁判例は存在したところ、３条の規定は、消費者契約における事業者の損害賠償責任を間接的に支える機能は果たしてきたものと思われる。

⑶　制定時の課題

①誤認による取消しの規定について

誤認による取消しの規定（４条１項、２項）に関しては、

ⅰ　不実告知取消における重要事項の限定：「重要事項」が、契約目的となる物やサービスの内容や取引条件に関するものに限定されていたため、条文の文言に従えば、事業者が消費者の契約の締結を必要とする事情に関して不実告知をして消費者が誤認した場合には、取消権が認められないことになってしまう。

ⅱ　不利益事実の不告知における主観的要件の問題：　事業者の「故意」の不告知とされていた。ここにいう「故意」は詐欺の故意とは意味が違うという前提をとってもなお、消費者にとって故意の立証は極めて困難であるため、４条２項の機能が期待しにくい。

などの問題が早くから指摘され、解釈論や立法論の展開があった。

②困惑による取消しの規定について

困惑による取消しの規定（４条３項）に関しては、

類型の限定による限界：　当初類型化されていたのは、訪問販売等で典型的に問題となっていた、不退去型、退去妨害型の不当勧誘行為（今日の４条３項１号・２号）だけであったため、その他の態様によって事業者が消費者を困惑させ、歪められた意思表示をさせるという場合を広くこれらで捕捉することが難しい　などの問題が指摘されていた。

③不当条項規定について

ⅰ　不当条項の一般規定の機能と具体的リストの不足：　不当条項の無効に

関する規定については、具体的な場面に即した規定（不当条項の具体的リスト）のほか、不当条項の一般規定が10条に当初から設けられ、10条が紛争解決に資することが期待されたが、裁判例では、10条の適用（特に後段の要件）について慎重な態度をとるものが多く、司法による展開がスピーディーに進むという状況にはならなかった。このこととも関わり、各地の消費生活センターでも、10条は適用基準が抽象的であることから、消費者の救済に十分な機能を果たせなかった。

一方、不当条項の具体的なリストを定めた規定は、８条（事業者の賠償責任の全部または一部免除する条項）と９条（消費者が支払う賠償額等を定める条項）だけであったため、不当条項の具体的リストが不足しているという指摘があった。

さらに、当初から存在する不当条項の具体的リスト（８条、９条）は、その規定の定める要件を満たせば無効とされるところの、いわゆる「ブラックリスト」であるが、ドイツ約款規制法（その後の債権法改正により、今日では民法の中に挿入されている）のように、評価の余地を残した「グレイリスト」（実質的には不当条項との推定として機能する）の必要性についても、指摘されてきた。グレイリストは、要件事実のうえでは、一定の要件に該当する消費者契約の条項であることを消費者側が主張立証すれば不当条項と推定され、これを覆すためには、逆に事業者の側が、それが消費者の権利を不当に制限し又は義務を不当に加重するものではないことを反証する必要があるという構造のものと捉えることができる。

ii　消費者団体訴訟の必要性：　消費者被害の特徴として、多数の消費者に同種の被害が発生する場合が多いということから、被害の発生・拡大を防止し、また、被害の集団的な回復を図るための特別な手続的な仕組みが必要であることも、早くから指摘されてきた。

2　2006年改正の意義と概要

2006年の改正では、消費者契約法に、適格消費者団体による差止請求制度が導入され、翌2007年６月７日から施行された。

⑴　同改正の意義

消費者契約法の制定により、消費者の利益保護のための民事実体ルールが同法に導入されたのではあるが、消費者被害の特徴として、比較的少額な同種の被害が多数の消費者に生じるという特徴があり、個々の消費者が自らの権利回復のために積極的な行動をとることを期待することには限界がある。しかし、消費者がアクションを起こさない状態が続けば、消費者の間に同種の被害が拡大してしまう。そこで、このような事態を食い止めるために、2006（平成18）年改正により、適格消費者団体による差止請求制度が消費者契約法に導入された。

従来の民法に基づく差止請求権等は、自らの権利が侵害されまたは侵害されるおそれのある主体に認められてきたが、同改正によって導入された差止請求制度は、不特定多数の消費者の利益保護を図るために、適格消費者団体に差止請求権等を認めるという制度であり、従来の法的枠組みに風穴を開ける画期的な内容の制度であった。

⑵　その後の消費者団体訴訟制度の発展

ⅰ　差止請求制度の対象拡大：　適格消費者団体による差止請求制度の対象は、その後、2008（平成20）年の法改正で景品表示法と特定商取引法に拡大され、さらに2013（平成25）年に施行された食品表示法にも拡大された。

ⅱ　集団的被害回復制度（消費者裁判手続特例法）の新設：　2006年の消費者契約法改正に至る検討においては既に、消費者の被害の集団的回復のための制度導入の必要性も指摘されていた。その後、2013（平成25）年に「消費者の財産的被害の集団的な回復のための民事の裁判手続の特例に関する法律」（以下、「消費者裁判手続特例法」という）が制定され（2013年12月11日公布）、特定適格消費者団体のイニシアティブによる集団的被害回復制度が新設された（令和４年には同法の一部改正も実現した）。

ⅲ　訴訟の内外における差止請求制度の機能

適格消費者団体の差止請求制度は、その後、消費者契約法に基づく訴訟の中でも、重要な位置を占めるようになり、例えば消費者契約法10条に基づく請求の勝訴判決は、後の消費者契約法の実体法改正にもつながるなど、重要な役割を果たしてきた。また、訴訟提起以前に、適格消費者団体による申入れに応じて、事業者が契約条項の改訂を行う等の形で解決が図られたケースも多く、その意味でも重要な役割を果たしてきたということができる。

(3) 課題

消費者契約法では、個別の消費者の取消権や契約条項の無効の規定を受ける形で、差止請求制度が設けられていることから、個別訴訟と差止請求との構造的な違いが見えにくくなっているという問題もある（後述）。

※なお、団体訴訟制度が機能するための支援の仕組みのさらなる拡充も重要な課題であるが、これについては、本講演では割愛する。

3　2016年改正の概要

消費者契約法の実体法ルールの改正がはじめて実現したのは、2016年改正においてである。

(1) 2016年改正の経緯

消費者契約法は、施行後の状況をみながら見直しを検討することが期待されていたが、2006年の改正で実現されたのは、団体訴訟制度の導入という手続面での改正であり、実体法の改正は、いくつかの要因により、時期が遅れることになった。

ひとつは、2009年9月に消費者庁が発足することになり、それに関連する法整備等の作業が急務となったことである。もうひとつの要因は、民法のいわゆる債権法改正の審議が2009年秋から法制審議会で開始されたことである。つまり、民法（債権法）改正の審議の中では、消費者契約法に存在する取消規定のうちの少なくとも一部は一般的ルールとして民法の中に導入すべきだとの意見や（いわゆる不実表示取消など）、民法に「消費者」概念等を盛り込んで、民法の中に基本的な消費者契約に関する特別ルールを設けるべきだとの意見、民法に具体的な消費者ルールを導入しないとしても、信義則の適用等においては消費者と事業者など当事者の格差を考慮するべき旨の規定を導入するべきだとする意見なども主張されていた。そこで、民法改正の議論が一段落するのを待つ必要が生じたからである。

結局、民法（債権法）改正では、消費者契約に関するルールは導入されない形で審議は終了し、あらためて、消費者契約法の実体法ルールの改正審議が始められることになった。その際、検討課題は多岐にわたったことから、早期に議論が進んだ点がまずとりまとめられて[4]、それが2016年の改正につながった。

⑵　2016年改正の概要

2016年改正法は、2016（平成28）年６月３日に公布され、公布日から１年経過後の2017（平成29）年６月３日から施行された。同改正の主な内容は、以下のとおりである。

ⅰ　取消規定について

①不実告知に関して「重要事項」の範囲拡大（４条５項３号）：　例えば、いわゆる点検商法における被害のように、事業者が契約の目的物に関しない事項について不実告知をして消費者を誤認させて契約させるといった被害事例が増加したことを背景に、４条５項に定める「重要事項」の範囲を、不実告知に関して拡大した（重要事項の限定については、当初から問題が指摘され、解釈論の展開や柔軟な解釈を示した裁判例もあったが、それらを背景にして、この改正が実現した）。

②過量契約取消しの規定を新設（４条４項）：　事業者が高齢者の判断能力の低下等につけ込んで、大量に商品を購入させるという消費者被害事案が増加したことを受けて、事業者の勧誘によって消費者が締結した過量な内容の契約について、消費者に取消権が認められる旨の規定を新設した。

③取消権の行使期間の短期を１年に伸長（７条１項）：　取消権行使の期間制限について、消費者契約法では、追認をすることができる時から６か月、契約時から５年とされていたが、消費者が取消原因を知ったとしても法的助言などを得て取消権を行使するに至るまでには一定の時間を要し、取消権を行使しないまま６か月を経過した被害事案がみられたことから、短期の期間制限を、６か月から１年に伸長した。

4 — 消費者委員会消費者契約法専門調査会「消費者契約法専門調査会　報告書」（平成27年12月）。

ⅱ　不当条項の無効について

①消費者の解除権を放棄させる条項を不当条項の具体的リストとして追加（8条の2）：　事業者の債務不履行によって生じた消費者の解除権を放棄させる条項を、不当条項として新設した。

②10条に前段要件の例示を追加（10条）：　不当条項の一般的規定である10条は、❶「任意規定の適用による場合に比べて消費者の権利を制限し又は義務を加重する」条項であること、❷「信義則に反して消費者の利益を一方的に害するものであること」を要件としているところであるが、❶については、明文の規定だけでなく、一般的な法理等も含むと判例でも解されてきた。そこで、そのような考え方を前提に、❶の例示として、「消費者の不作為をもって意思表示をしたものとみなす条項」を追加した。

4　2018年改正の概要

(1)　経緯

3(1)で触れたとおり、2016年改正時には、今後の課題として積み残された検討課題があったが、2016年改正時における衆参両議院の委員会附帯決議も受けて、引き続き、専門調査会で審議が行われ、そのとりまとめ[5]に基づいて2018年の改正が実現した。

(2)　概要

ⅰ　取消規定について

①困惑による取消しに関して事業者の不当勧誘行為の類型を追加（4条3項）：　いわゆる「つけ込み型」の不当勧誘被害事例を受けて、4条3項の定める困惑による取消しの規定の中に、6つの類型を追加した（❶社会生活上の経験不足を不当に利用して不安をあおる行為、❷恋愛感情等に乗じて人間関係を濫用する行為、❸加齢等による判断力の低下を不当に利用する行為、❹霊感等による知見を用いた告知による行為、❺契約締結前に債務の内容を実施する行為、❻契約締結を目指した事業活動の実施による損失の補償を請求等

5　消費者委員会消費者契約法専門調査会「消費者契約法専門調査会　報告書」（平成29年8月）。

する行為［2022年改正後の４条３項５～10号］）。

②誤認による取消しのうち、不利益事実の不告知の類型（４条２項）の要件緩和：　従来は、不利益事実の「故意」による不告知が要件とされていたが、「故意または重過失」による不告知とされた。故意要件の立証が困難なため、４条２項が十分に機能していないという問題を受けたものである。

ⅱ　不当条項の無効について

①消費者が後見開始等の審判を受けたことのみを理由として事業者に解除権を付与する条項を、不当条項の具体的リストとして追加（８条の３）：　このような契約条項は、成年後見制度の趣旨にも反し、消費者の利益を不当に制限する条項であり、既に裁判例もみられたことから、これを不当条項の具体的リストとして追加した。

②事業者に自分の損害賠償責任の有無や限度を決定する権限を付与し、または事業者に消費者の解除権の有無を決定する権限を付与する条項に関する規定の追加（８条、８条の２）：　このような決定権限を事業者に付与する条項は、実質的には、事業者の損害賠償責任を免除する条項や、消費者の解除権を放棄させる条項として機能しうることから、脱法を許さない趣旨で、これらの権限付与条項も同様に無効とされる旨の文言が追加された。

ⅲ　事業者の努力義務規定の明確化（３条１項）

事業者の努力義務規定は、前述のとおり従来から３条１項に設けられていたが、それを明確化する形で、①事業者は、条項の作成にあたり、解釈に疑義が生じない明確で平易なものになるよう配慮すべきこと、②情報の提供については、個々の消費者の知識および経験を考慮したうえで必要な情報を提供するべきことと改正された。

⑶　2016年および2018年改正後の課題

２度の法改正により、実体法ルールに進展がみられたが、なお、重要な改正課題は残され、2018年改正時の国会附帯決議においても、複数の項目にわたって、見直しに向けた検討がさらに必要である旨指摘された。

2018年当時に指摘された主な改正課題は、以下のとおりである。

①つけ込み型勧誘のさらなる充実と受け皿規定の必要性：　困惑による取消しについては、特に2018年改正で多くの類型が追加されたが、各類型の要件が極めて具体的かつ限定的であり、つけ込み型の不当勧誘行為を十分に捕捉できていない。そこで、一方で、具体的な類型をさらに追加するとともに、他方で、具体的な類型から漏れた不当勧誘行為を適切にカバーするための受け皿規定（事業者が消費者の合理的な判断をすることができない事情を不当に利用した場合の取消権の規定）の創設が検討されるべきこと。

②9条（1項）1号における消費者の立証責任の緩和の必要性：　9条（1項）1号は、解除に伴う損害賠償額の予定条項は、解除の事由、時期等の区分に応じ、同種契約の解除に伴い当該事業者に生ずる平均的損害を超える部分を無効と定めており、この規定は、訴訟の内外で一定の機能を果たしてきたといえる。しかし他方で、現在の規定では、「当該事業者に生ずる平均的損害」および「当該条項の定めがその平均的損害を超えること」の立証責任は消費者の側にあると判例では解されてきた（学納金返還請求訴訟における最高裁判決等参照）。「当該事業者に生ずる平均的損害」に関する情報は、もっぱら事業者の側に偏在しており、消費者がそれを立証することには困難があることから、立証責任の転換ないし緩和が、解釈上も立法論上も主張されてきたが、2016年および2018年の改正では、その点についての法改正は実現されなかった。そこで、この点に係る消費者の立証責任を軽減する措置の検討が課題とされた。

⑶不当条項類型のさらなる追加
いわゆるサルベージ条項をはじめとして、具体的な不当条項リストのさらなる追加が課題とされた。

⑷定型約款の事業者による表示をめぐって：　2017年に実現した民法（債権法）改正（2020年4月1日施行）では、定型約款に関する規定が民法の中に導入されたが、そこでは、約款準備者は、相手方が請求したときにのみ約款内容の事前開示義務を負うこととされている（民法548条の3第1項）。しかし、一般に情報に乏しい消費者に定型約款の表示請求という行動をとることを期待するのは困難であることから、消費者契約においては、約款

内容の表示について、事業者により積極的な行為義務を課すべきだとの議論があった。

5　2022年改正の概要

※2022年改正の詳細は、平尾講演で触れられる予定なので、ここでは、その概要のみ掲げておく。

(1)　経緯

2022年の消費者契約法改正は、直接的には2018年改正時の附帯決議を受けて、あらためて消費者庁の検討会で検討され[6]、それに基づいて実施されたものである[7]。

(2)　改正の概要

i　取消規定について

・困惑による取消しの新たな類型として4条3項3号・4号を追加：　❶勧誘することを告げずに退去困難な場所に同行し勧誘する行為（4条3項3号）、❷威迫する言動を交えて、消費者の相談の連絡を妨害する行為（4条3項4号）。

・9号の類型を追加：　困惑による取消しとして、4条3項9号は、契約締結前に債務の内容を実施する行為を定めていたが、ここに、❸契約締結前に目的物の現状を変更して原状回復を著しく困難にする行為が追加された（4条3項9号）。

もっとも、2022年改正でも、いわゆるつけ込み型勧誘による取消の受け皿規定は設けられなかった。

ii　不当条項の追加について

2022年改正では、いわゆるサルベージ条項の一部を取り入れる形で、8条3項に不当条項の規定が新設され、消費者による損害賠償請求を困難にする不明瞭な一部免責条項は無効である旨の規定が追加された（8条3項）。

6―「令和3年9月　消費者契約に関する検討会　報告書」
7―検討会報告書の内容と国会提出法案との乖離については、平尾講演参照。

iii　平均的損害に関する立証責任の軽減について

9条1項1号の平均的損害に係る消費者の立証責任の軽減については、明確な推定規定を設けるという改正には至らなかった。もっとも、立証責任を事実上緩和するための手立てとして、解約料の説明に関する事業者の努力義務規定が新設された（❶消費者に対する関係では、算定根拠の概要を説明する努力義務が規定され（9条2項）、❷適格消費者団体に対する関係では、算定根拠（営業秘密を除く）を説明する努力義務が規定された（12条の4））。

iv　事業者の努力義務の拡充

iiiで触れた努力義務のほかにも、3条における事業者の努力義務が拡充された。

例えば、勧誘時の情報提供について、消費者の知識・経験に加え、年齢や心身の状況も総合的に考慮して情報提供をするべきことが明確化されたこと（3条1項2号）、定型約款の表示請求権に関する情報提供が努力義務として課されること（3条1項3号）、契約締結の勧誘時だけでなく、解除時において解除権の行使に関して必要な情報を提供する努力義務が規定されたこと（3条1項4号）などである。

Ⅲ　2022年改正を経た消費者契約法の課題

以下では、このような改正を経た消費者契約法における残された課題のうち、要件事実とも関わると思われる主な点について指摘する。

⑴努力義務規定（特に3条の努力義務）と要件事実

：努力義務規定はどのような機能を持ちうるか。事業者の損害賠償責任、事業者の不意打ち的な主張の排除、契約条項の解釈などにおける機能の可能性。

（→後のパネルディスカッションでも取り上げる予定）

⑵不当勧誘規定について

：不当勧誘類型（特に4条3項の困惑類型）が追加されたことの意義と課題を検証する必要がある。特に2018年改正および2022年改正で追加された、4条3項

３～10号は、具体的な被害事例を切り刻んで条文化されているが、このような規定を活用していくための解釈の在り方について検討する必要がある。
（⇒後のパネルディスカッションで議論）

③不当条項規定について
：不当条項の一般規定（10条）については、特に後段要件について厳格な解釈が裁判所で示されてきたことから、期待されたような法発展にはつながっていない。10条の要件の解釈の在り方について検証されるべきではないか。
　また、現在の不当条項リストの在り方（グレイリストの導入可能性等）についても、さらに検討されるべきではないか。
（⇒後のパネルディスカッションで議論）

④９条１項１号の平均的損害の立証責任に関して
：不当条項規定の中でも、特に９条１項１号の「平均的損害」の立証責任の在り方ないし消費者の立証負担の軽減については、従来から議論されてきたところ。2022年の改正において、９条２項、12条の４の規定（いずれも事業者の努力義務を定めた規定）が新設されたことの意義と課題をあらためて検証する必要性は高い。
（⇒平尾講演および後のパネルディスカッションで取り上げる予定）

⑤個別訴訟と団体訴訟（差止請求訴訟）との関係
：個別訴訟において、条項解釈（広義での）による当該消費者の救済の功罪
　例えば、賃貸借契約において、壁紙・カーペット等の補修費用を賃借人（消費者）が負担する旨の条項について、自然損耗分の回復費用まで消費者に負担させる旨の合意が成立したとはいえないとした判例（最判17年12月16日判時1921号61頁・判タ1200号127頁）などがあり、そのような考え方は、民法の定型約款の不当条項排除規定（民法548条の２第２項）にもつながった。このような考え方は、特に内容的不当性だけで無効と判断されにくい場面における個別訴訟での被害救済に活用できる可能性はある。
　しかし、差止請求訴訟においては、異なる考慮が必要（不特定多数の消費者

の利益保護のため、消費者被害を未然防止)。不明確な条項の存在によって、消費者の利益が害される危険がある。2022年消費者契約法改正では、サルベージ条項が追加されたが、その対象は限定的。上記の例では、このような条項を口実にして、事実上、賃貸人が賃借人たる消費者に費用負担を迫るケースが考えられるが、消費者契約法に新設されたサルベージ条項（8条3項）は、このような場面をカバーしていない。

（⇒差止請求訴訟における条項の合理的限定解釈の問題性については、池本コメントでも取り上げて頂く予定）

⑥全体を通しての裁判所の法創造機能

特別法なので類推適用は難しいとの議論の当否。当該規定の趣旨を踏まえた解釈の可能性（⇒特に上記②）。

10条の機能不全に対してどのように立ち向かうべきか（⇒上記⑶）。

⑦消費者契約法の盲点？

・無償の契約について：２条の定義の上では、「消費者契約」は有償無償を問わない[8]。

しかし、従来、主に念頭に置かれてきたのは有償の契約であり、例えば、取消規定の適用においては、不当勧誘行為の違法性、当該意思表示との因果関係（合理的な判断によらずに意思表示がなされたこと）を推認させる事情のひとつとして、対価的不均衡が考慮されていたのではないか。無償契約では、この点はどのように考えていくべきか（マインドコントロールにより合理的な判断が困難な事情を利用した勧誘による契約締結。対価的不均衡を問題とすることはできないが、少なくとも、本人の資産収入などに照らした過大性などをひとつの指標にすることができるか）。

・人間関係悪用型不当勧誘行為：事業者が勧誘目的等を告げずに消費者に近づき、人間関係を作っていわばマインドコントロールドにおいて、消費者に過大

8　消費者庁の検討会「令和４年10月17日 霊感商法等の悪質商法への対策検討会　報告書」５－６頁は、寄附の性質について検討し、贈与や信託などの「契約」に当たる場合が多いとは考えられるが、その点が争いになることも考えられることから、契約に限定に限定せずに無効・取消しを認めることや行使期間の延長等も提案されている。

な負担を課しまたは過大な不利益を及ぼすような契約を締結させるという形での消費者被害は、かねてより多く発生。

⇒消費者法でも、様々な対応は行われてきた。たとえば、豊田商事事件を契機とした預託法の制定と2021年の抜本改正。

消費者契約法では、特に2018年改正により、困惑による取消権の規定（４条３項）の中に、つけこみ型勧誘行為に関する規定を追加（特に、2022年改正後の４条３項５～８号）。しかし、例えばいわゆる恋人商法にしても、霊感商法にしても、要件が極めて厳格。

（⇒②と関わる点であり、後のパネルディスカッションで取り上げる予定）

比較法的な観点からの再度の検証の必要性：　以上掲げた各項目、つまり不当勧誘規制についても、不当条項規定やその該当性審査における立証責任の在り方についても、あらためて、比較法的な観点を交えて日本の消費者契約法を検証する必要がある。

（⇒カライスコス コメントや、後のパネルディスカッションでこのような観点からの指摘もしていただく予定）

Ⅳ　おわりに

以上で、消費者契約法の変遷をたどるとともに、残された課題を指摘した。

2022年改正については、平尾報告においてより詳しく触れられる予定であり、また、最後に指摘した諸課題については、この後の講演やコメントで触れて頂き、また最後のパネルディスカッションでも再度議論する予定。

講演2レジュメ

2022年改正の概要と課題

平尾嘉晃

第1　取消権の創設

1　検討会報告書の内容（～立法趣旨～）

(1)　困惑類型の脱法防止規定

法4条3項各号のうち、不退去（1号）、退去妨害（2号）、契約前の義務実施（7号）、契約前活動の損失補償請求（8号）は、契約の内容や目的が合理的であるか否かを問わず、本当は契約を締結したくないと考えている一般的・平均的な消費者であっても、結局、契約を締結してしまう程度に消費者に心理的な負担をかける行為であり、この点に不当性の実質的な根拠があると考えられる。しかし、これらの規定に列挙された行為に形式的に該当しないものであっても、これらの不当性の実質的な根拠に照らすと、同様に扱うことが必要と考えられる場合もある。そこで、上記4つの各号と実質的に同程度の不当性を有する行為について、脱法防止規定を設けることが考えられる。

具体的には、上記4つの各号の受皿であることを明確にすることにより、これらと同等の不当性が認められる行為を捉えることを明らかにしつつ、例えば、その場で勧誘から逃れようとする行動を消費者がとることを困難にする行為という形で類型化することで、事業者の威迫による（威力を用いた）言動や偽計を用いた言動、執拗な勧誘行為を捉えることが考えられる。その際は、対象となる行為をある程度具体化した上で、正当な理由がある場合を除くなど、評価を伴う要件も併せて設けることで、正常な事業活動については取消しの対象とならないよう調整することが可能な規定とすることが考えられる。

⑵　消費者の心理状態に着目した規定

事業者が、正常な商慣習に照らして不当に消費者の判断の前提となる環境に対して働きかけることにより、一般的・平均的な消費者であれば当該消費者契約を締結しないという判断をすることが妨げられることとなる状況を作出し、消費者の意思決定が歪められた場合における消費者の取消権を設けることが考えられる。

具体的には、正常な商慣習に照らして不当に消費者の判断の前提となる環境に対して働き掛ける行為としては、例えば、消費者の検討時間を制限して焦らせたり、広告とは異なる内容の勧誘を行って不意を突いたり、長時間の勧誘により疲弊させたりする勧誘手法を組み合わせたり、そうした勧誘手法を極端な形で用いることにより、消費者が慎重に検討する機会を奪う行為を規定することが考えられる。その際、正常な商慣習については、契約の性質や類型に照らして判断されるべきと考えられる。また、消費者が慎重に検討する機会を奪う行為については、上記のような勧誘手法の組合せや過度の利用が問題であることに照らすと、事業者の行為を細分化するのではなく、組み立てられた一連の行為を総合的に捉えるべきである。また、正当な理由がある場合を除くなど、評価を伴う要件も併せて設けることで、正常な事業活動については取消しの対象にならないよう調整することが可能な規定とすることが考えられる。

⑶　消費者の判断力に着目した規定

判断力の著しく低下した消費者が、自らの生活に著しい支障を及ぼすような内容の契約を締結した場合における取消権を定めることが考えられる。（略）当該消費者の生活を将来にわたり成り立たなくするような契約を対象とすることが考えられ、例えば、自宅を売却し、しかも今後住むところがないような場合や、自身の労働によって新たに収入を得ていくことが期待できない中で貯蓄や年金収入の大半を消尽してしまう場合が想定される。その際、過量契約取消権のように契約の目的となるものの量に着目するものではなく、質に着目するものであること、（略）を明確にすべきである。

同じ内容の契約でも、消費者によってその生活に著しい支障を及ぼすかどうかは異なる可能性があり、その契約が当該消費者の生活に著しい支障を及ぼすこととなることについての事業者の認識を要件とすることが必要である。もっとも、事業者の悪意を消費者が立証することは困難であることから、契約が当該消費者の生活に著しい支障を及ぼすことについて事業者に悪意がある場合及び悪意と同視される程度の重過失がある場合に取り消すことができる旨の規定とすることが考えられる。また、消費者の判断力に関する事業者に認識については、判断力が著しく低下している消費者について特に自己の生活に著しい支障を及ぼす契約に限って取消権を認めるという趣旨や、判断力に関する認識を要件とすると本規定案による救済の範囲が大幅に縮減されると考えられること、民法上、意思能力を有しなかったときは、意思無能力についての相手方の認識の有無に関係なく契約が無効となることに照らし、消費者保護の観点から、要件としないことが考えられる。

2　改正法の内容

(1)　困惑類型の脱法防止規定

第4条第3項　消費者は、事業者が消費者契約の締結について勧誘をするに際し、当該消費者に対して次に掲げる行為をしたことにより困惑し、それによって当該消費者契約の申込み又はその承諾の意思表示をしたときは、これを取り消すことができる。

ア　同項第3号（新設）

当該消費者に対し、当該消費者契約の締結について勧誘をすることを告げずに、当該消費者が任意に退去することが困難な場所であることを知りながら、当該消費者をその場所に同行し、その場所において当該消費者契約の締結について勧誘をすること。

イ　同項第9号（第7号を修正）

当該消費者が当該消費者契約の申込み又はその承諾の意思表示をする前に、当該消費者契約を締結したならば負うこととなる義務の内容の全部若しくは一部を実施し、又は当該消費者契約の目的物の現状を変更し、その実施又は変更前の原状の回復を著しく困難にすること。

⑵　心理状態に着目した規定

第４条第３項（略）

同項第４号（新設）

当該消費者が当該消費者契約の締結の勧誘を受けている場所において、当該消費者が当該消費者契約を締結するか否かについて相談を行うために電話その他の内閣府令[1]で定める方法によって当該事業者以外の者と連絡する旨の意思を示したにもかかわらず、威迫する言動を交えて、当該消費者が当該方法によって連絡することを妨げること。

⑶　消費者の判断力に着目した規定

規定無し[2]。

3　評価

⑴　改正法の解釈指針（検討会報告書の立法趣旨から）

ア　これまでの消費者契約法の改正においても、後述するとおり、「要件」の明確性が求められ過ぎ、要件が必要以上に細分化されており、今回の改正でも同じ現象が生じている。しかしながら、もともと検討会報告書で明示されている立法趣旨こそが重要であり、その立法趣旨に合致するよう、「要件」についても規範的解釈を及ぼすべきである。

イ　困惑類型の脱法防止規定

（ア）　３号

〇「任意に退去することが困難な場所」であることを「知りながら」の要件に

１―内閣府令については、以下が予定されている。

「次に定める方法その他の消費者が消費者契約を締結するか否かについて相談を行うために事業者以外の者と連絡する方法として通常想定されるものとする。

一　電話

二　電子メール（特定電子メールの送信の適正化等に関する法律その他のその受信をする者を特定して情報を伝達するために用いられる電気通信を送信する方法）」

２―ただし、第３条第１項２号を次のように修正した。「消費者契約の締結について勧誘するに際しては、消費者の理解を深めるために、物品、権利、役務その他の消費者契約の目的となるものの性質に応じ、事業者が知ることができた個々の消費者の年齢、心身の状態、知識及び経験を総合的に考慮した上で、消費者の権利義務その他の消費者契約の内容についての必要な情報を提供すること。」

ついては、一般的に誰でも困難な場所であれば、事業者がこれを知らないということは考えられないので、その場合、事実上この要件は不要となる。この要件が意味を持つのは、当該消費者固有の事情によって、特別に任意退去困難な場所だったという場面であり、その場合、その固有の事情を、事業者が知っていることが必要となる。

○勧誘目的が告げられていた場合、あるいは同行が無い場合等、本号の規定に該当しない場合であっても、任意に退去することが困難な場所で勧誘を受けた後、退去妨害があれば、従前の退去妨害に該当する[3]。そして、任意に退去することが困難な場所で勧誘を受けた場合、通常は退去妨害の事実が推認されやすいといえる。

○　各要件の解釈にあたっては、立法趣旨が、「契約の内容や目的が合理的であるか否かを問わず、本当は契約を締結したくないと考えている一般的・平均的な消費者であっても、結局、契約を締結してしまう程度に消費者に心理的な負担をかける行為であり、この点に不当性の実質的な根拠がある」という点にあることから、「心理的な負担をかける」態様といえるかどうかを判断基準とするべきである。

（イ）　9号（従前7号を修正）

契約締結前の債務内容の実施については従前7号が規定するが、目的物の現状を変更すること（例えば開封する）が、債務の履行とは必ずしも言えない場合があり得るところ、債務の履行以外でも、取消ができるように修正したものである。ただし、さお竹屋のさお竹を切る行為が、さお竹の引渡債務の履行の一部であることは従前から争いは無い。このように現状変更が、引渡債務の履行の一部である場合も多く有り、その場合には従前7号に該当し、そこから漏れるもののみが新設9号の対象となる。

ウ　心理状態に着目した規定

「威迫する言動を交えて妨げる」とは、立法趣旨からすると、一般的・平均的な消費者であれば当該消費者契約を締結しないという判断をすることが妨げられることとなる状況を作出し消費者の意思決定を歪めたと評価できるような

3　国会での大臣答弁でも、新たな規定が、従前の規定の適用範囲を狭まるものではないことが確認されている。

言動であれば足りると考えるべきである。

もともと、「威迫する言動」は、困惑類型の脱法防止規定において、例示として示されたものであり、心理状態に着目した規定の立法趣旨からすると、さほど重視すべきものではない。あくまで、消費者の意思決定が歪められたかどうかが重要なのであるから、「連絡する意思を示したにもかかわらず」「連絡することを妨げられた」態様が、意思決定を歪めるものと評価できるものであればそれで足りると解釈するべきである。

(2)　検討会報告書で目指した方向と改正法の内容との乖離

不当条項規定に関しては、一般的規定としては消費者契約法10条がある。

これに対して、不当勧誘規定に関しては、一般規定が存在しないという根本的な問題がある。検討会では、次々と生まれる新しい手口に対応するためには一定の抽象度のある規範的要件が必要であるとの指摘が多くの委員からなされている。もちろん、経済界からは要件の明確化を求める意見が強いが、それでも、経済界もおよそ評価の余地のない過度な明確性までは求めていない。その結果、検討会では、不当勧誘全体を通じた一般規定の創設については、まだ、コンセンサスが得られるには至らなかったものの、１号、２号、７号、８号については、一般的規定（表現としては脱法禁止規定）を設けるべきという結論に達した。このように一定の抽象度をもった規定の創設が検討会報告書には取りまとめられている。

しかし、今回の改正法は、法制化の段階で、明確性を重視するあまり[4]、検討会報告書で示した立法趣旨が一見して読み取れないような、「要件」となってしまっている。

(3)　課題～規範的要件（一般的規定）と不当勧誘行為・不当条項リストの整備

繰り返しになるが、新しい手口に対応するためには一定の抽象度のある規範的要件とする必要がある。その場合、規範的要件の中にあらかじめ判断要素を書き込む（例えば借地借家法の「正当の事由」）例もあるが、事後的にでもブラ

4－国会での大臣答弁「取消権は、①消費者にとっての使いやすさ、②事業者の予見可能性、③要件の明確性、これらがすべて満たされる必要がある。」

ックリスト、グレーリストを整備し、判断指針を明確化していく手法もある。

消費者契約法では、不当条項規定に関しては、前述のとおり、一般的規定として消費者契約法10条が存在し、一部ブラックリストも存在するが、不当性が推定される例示リストいわゆるグレーリストが存在していない。今回の検討会では、このリストの充実化が検討されたものの改正法には反映していない。これに対して、不当勧誘規定に関しては、ブラックリストともいうべき適用場面を限定した規定が存在するものの一般的規定が存在せず、また、グレーリストも存在しない。

消費者契約法は、事前規制型の法律でなく、事後的規制型の法律であるべきとしたら、個別具体的事例に即して裁判所が妥当な判断を行えるよう、一定の抽象度を持った規範的要件を取り入れ、また、解釈指針となるリストを整備する必要がある。

(4)　課題～判断力の不足に関する規定の創設

検討会報告書の内容等をベースにすると、下記のような条項案が考えられる。

【判断力の不足に関する規定の条項案】

（条文構造は過量契約取消権（4条4項）をベースにした。）

○　判断力の著しく低下した消費者は、事業者が消費者契約の締結について勧誘をするに際し、物品、権利、役務その他の当該消費者契約の目的となるものの内容及び取引条件が、当該消費者にとって生活の状況に著しい支障を及ぼすものであることを知っていた又は重過失により知らなった場合において、その勧誘により当該消費者契約の申込み又はその承諾の意思表示をしたときは、これを取り消すことができる。

○　なお、より高い判断力が求められるような行為・契約類型、例えば、⑴取引の仕組みなどを理解した上で自己の利害得失を認識しにくい行為（かんぽ生命保険の被害事案、投資取引など）、⑵内容が複雑な行為（身元保証契約など）、⑶意図的に判り難くされた契約（お試し定期購入契約など）、⑷民法13条1項3号の「不動産その他重要な財産に関する権利の得喪を目的とする行為」に対しては、「当該契約が当該消費者の生活に著しい支障を及ぼすものであること」の要件を緩和すること、例えば「著しい」という要件を不要とすることなどが考えられる。

第２　立証負担の軽減（積極否認の特則）

１　検討会報告書の内容

⑴　「平均的な損害」の額に関する違約金条項が効力に係る訴訟において、事業者が、その相手方が主張する「平均的な損害」の額を否認するときは、その事業者は自己の主張する「平均的な損害」の額とその算定根拠を明らかにしなければならないという規定（積極否認の特則）を設ける。

積極否認の特則の利用主体は、営業秘密保護の観点から、秘密保持義務の課される適格消費者団体等に限定する。実際にも、「平均的な損害」の額及びその算定根拠には粗利率、原価、再販率などの情報が含まれており、当該内容を用いて立証活動を行うには相応の専門性と労力負担が求められるため、適格消費者団体等に利用主体を限定することが現実的であると考えられる。

⑵　このように検討会報告書では、利用主体を、適格消費者団体等に限定する代わりに、粗利率、原価、再販率等といった類型の営業秘密については、それが「平均的な損害」の額を算定するにあたって必要であれば、訴訟において明らかにされることが予定されている。

２　改正法の内容

⑴　第９条第２項（新設）

事業者は、消費者に対し、消費者契約の解除に伴う損害賠償の額を予定し、又は違約金を定める条項に基づき損害賠償又は違約金の支払を請求する場合において、当該消費者から説明を求められたときは、損害賠償の予定又は違約金の算定の根拠（第12条の４において「算定根拠」という。）の概要を説明するよう努めなければならない。

⑵　第12条の４（新設）

○　適格消費者団体は、消費者契約の解除に伴う損害賠償の額を予定し、又は違約金を定める条項におけるこれらの合算した額が第９条第１項第１号に規定する平均的な損害の額を超えると疑うに足りる相当な理由があるときは、内閣府令で定めるところにより、当該条項を定める事業者に対し、その理由を示して、当該条項に係る算定根拠を説明するよう要請することができる。
○　事業者は、前項の算定根拠に営業秘密（不正競争防止法第2条第6項に規定する営業秘密をいう。）が含まれる場合その他の正当な理由がある場合を除き、前項の規定による要請に応じるよう努めなければならない。

3　評価

平均的な損害の考慮要素には、例えば代替可能性といった再販率に関わるものもある。仮に、違約金の算定根拠について、事業者が代替可能性の有無を再販率のデータから設定したとし、かつ再販率データという「営業秘密」が含まれるから説明をしないと主張した場合はどう考えるべきか。

検討会報告書では、利用主体を、適格消費者団体等に限定する代わりに、粗利率、原価、再販率等といった類型の営業秘密については、それが「平均的な損害」の額を算定するにあたって必要であれば、訴訟において明らかにされるということが予定されている。また、改正法は、「平均的な損害を超えると疑うに足りる相当な理由」を要件としている。

以上のように、「営業秘密」に対する配慮については、利用主体の限定、疑うに足りる相当な理由の立証というハードルを課していることからすると、多種多様な「営業秘密」（例えば「技術上の情報」や「営業上の情報」、後者の典型例は「顧客リスト」）の中でも、前述の例えば粗利率、原価、再販率等といった類型の営業秘密については、形式上「営業秘密」には該当するとしても、違約金の算定根拠にした以上は、「正当な理由がある場合」に該当しないとの解釈がとられるべきである。立法趣旨ないし立法過程における議論状況からしてもそう解釈するべきである。

第3　努力義務の位置付け

1　改正法

(1)　第3条第2項3号（新設(1)定型約款の表示請求権に係る情報提供の努力義務）

民法第548条の2第1項に規定する定型取引合意に該当する消費者契約の締結について勧誘するに際しては、消費者が同項に規定する定型約款の内容を容易に知り得る状態に置く措置を講じているときを除き、消費者が同法第548条の３第１項に規定する請求を行うために必要な情報を提供すること

⑵　第３条第２項４号（新設②解除権の行使に関して必要な情報提供の努力義務）
消費者の求めに応じて、消費者契約により定められた当該消費者が有する解除権の行使に関して必要な情報を提供すること。

2　評価

⑴　消費者契約法の定める法的効果は、「取消」と「条項の無効」という比較的、影響力が大きいものであるため、これまでの消費者契約法改正の過程では、「要件」の明確性が求められてきた。そして、「取消権」や「条項の無効」という法的効果に直接に結びつけることはできないが、プリンシプル、規範として重要なものは、第３条の努力義務という形で条文化されてきた。

今回の改正で、多くの努力義務が条文化されたのも、これらの内容が消費者契約におけるプリンシプル、規範として重要なものであることが改めて確認されたものと理解することができる。

そうだとすると、努力義務であっても法的義務であるため、努力すらせず放置している場合には、法的義務違反（作為義務違反・注意義務違反）となり、民法の信義則（契約に付随する信義則）、あるいは709条の不法行為を媒介して、義務違反に対して法的効果を認めることは可能である。

努力義務であることは、「取消」や「条項の無効」という法的効果に直接に結びつけることができないという意味に過ぎず、それ以外の法的効果を否定するものではない。そのため、「取消」「条項の無効」とは異なる形で、契約の拘束力からの解放を信義則違反から導くことや、不法行為を媒介して損害賠償を認め、原状回復的損害賠償あるいは代金の一部返金など、個別具体的な事案に即した柔軟な解決を図ることを、今後は模索していく必要がある。

⑵　加えて、これまで第３条に規定されていた努力義務は、求める内容が比較的抽象的なものであったが、今回の改正で条文化された義務は、求める内容がより詳細かつ具体的となっている。特に前述の①②は、内容が明確であり、義務違反に対しては、①については問題となる条項の契約内容からの排除、②に

ついては解除を認めてもいいのではないかと考える。

第4　結びにかえて

⑴　消費者契約法は、3次の改正を経て、現在の形となった。

まだまだ虫食い状態の規定ではあるが、改正の中で見えてきたものもある。

すなわち、努力義務、一般的規定、グレーリスト、ブラックリストは、法的効果について0か100かではなく連続したものであって、ただ法的効果の強弱に差があるものに過ぎないものと捉えるべきものである。

「取消」「条項の無効」という法的効果が直接生じるのは、一般的規定及び解釈指針となるリストの役割であるが、他方、努力義務は、消費者契約における規範として重要なものを列記したものであり、「取消」「条項の無効」という法的効果が直接生じないとしても、民法上の信義則、不法行為の中で、規範としての役割を果たすことになる。

また、第2で記載した立証負担の軽減のために新設された努力義務の義務違反についても、それが自白とみなすといった強い法的効果に直接に結びつけることはできないとしても、訴訟上、裁判官の心証に影響するという効果を持つことになる。

⑵　このように連続したものと捉えると、ブラックリスト的に明記された不当勧誘は、要件を充足すれば「取消」の法的効果が付与されることになるが、重畳的に、信義則、不法行為にも該当することも排斥されないはずである。

⑶　また、ブラックリスト的に明記された不当勧誘の要件には必ずしも該当しない場合であっても、民法上の信義則、不法行為の中で考慮されるべき不当な勧誘もあるはずである。

⑷　さらに、不当条項に関しては、平成30年改正の第3条第1項1号「解釈に疑義が生じない明確なもの」とする努力義務が、今回の改正では、賠償責任の一部免責条項に関する不明確条項（いわゆるサルベージ条項[5]）に限ってではあるが、「条項の無効」という形でブラックリストへ格上げされた。

5　サルベージ条項とは、ある条項が強行法規に反し全部無効となる場合に、その条項の効力を「強行法規によって無効とされない範囲」に限定する趣旨の条項をいう。今回の改正では、そのうちの一部が不当条項として明記されることとなった。

今回、サルベージ条項のブラックリスト化は、あくまで部分的なものにとどまったが、それ以外のサルベージ条項については、引き続き、第３条第１項１号の規律によって、民法上の信義則、不法行為の中で判断されることになると考えるべきである。

講演3レジュメ

消費者契約の解釈と消費者契約法の意義

――裁判官に期待される役割

中田邦博

I　はじめに

①消費者契約の解釈――契約内容の確定　消費者の目線からの契約の解釈
②契約締結過程の規律の在り方について　消費者契約法の不当勧誘規制の問題点
③不当条項審査の意義と在り方　ヨーロッパ法およびドイツ法の視点も踏まえて

II　消費者契約の解釈

1　問題の所在

どのような内容の契約が成立するかは、契約の解釈という作業を通じて判断されることになる。契約の解釈の出発点　契約書＋約款によって契約内容が確定される。

契約書に書かれていないことは考慮すべきでないという主張もあるが、消費者契約解釈においてもそうした見方で良いのか。

契約解釈において消費者契約の締結に至る事情をいかに考慮することができるかが問題となる。とりわけ、広告や事業者の口頭での説明は契約内容として考慮されるのか。

2　裁判例

無線データ通信サービスの広告等における通信制限に関する不実告知に基づく取消しと不法行為が争点となった東京高裁平成三十年四月一八日判決（上告受理申立て〔上告不受理決定〕）平成二九年（ネ）三二三四号不当利得返還請求控訴事件

金判1546号15頁

［評釈］中田邦博　私法判例リマークス（法律時報別冊）59号38頁

［事案］

通信事業と代理店業務を営む事業者 Y1は、通信事業者 Y2の設置する通信設備等を利用して、インターネット接続などの無線データ通信サービスを消費者に提供する事業を行っている。消費者Ｘは、Y1とサービス契約を締結したが、このサービスには３日で３ギガバイトの通信制限が付されており、それを超えた場合には通信速度が制限されることになっていた。ところが、Ｘが実際に利用してみると、こうした制限が容易に課されてしまい、通信速度が遅くて思うような利用ができない状況におかれた。そこでＸは、Ｙらの販売に際しての広告（大きな活字で「ギガ放題」「ヤバイ速が、止まらない」「WiMAX 史上最速220Mbps 下り最大」「月間データ量制限なし」などの記載）では、ギガ使い放題プランという名称の料金体系が宣伝されており、また販売店での説明では、通信制限について事実上制約がないようなものとされていたと指摘し、実際には、これと異なり、多くの場合に通信制限を受け、その制限の下ではサービスが使いものにならないと主張した。

Ｘは Y1に対して、民法96条または消費者契約法４条１項１号に基づき本件契約を取り消し、支払済みの契約金を不当利得として返還を求めると同時に、広告と販売時の説明が Y1と Y2の共同不法行為となるとして、損害賠償を求めた。

［判旨］

(1)　広告・説明の実際について

「高速、通信量制限なし、使い放題という利便性を強調し、一部のヘビーユーザーのニーズに合わない点（通信量を引き金（トリガー）とする通信制限の存在）は目立たないような広告・説明をして……他社と比べて著しく優位な差別化が実現できているものと誤認混同させるおそれが非常に高いものである。……獲得すべきでない顧客を獲得してまでシェア拡大を目指すような広告・説明は、社会的に許されないものというべきである。」

(2)　重要事項の範囲と不実告知の認定

「３日3G 制限の存在及びその具体的な内容は、消費者契約法４条１項１号にいう重要事項といえるところ、Y1は、X に対し、……『軽い制限』にすぎず、３日3G 制限の引き金を引くことは極めて稀であるかのような説明をし、月間通信量には事実上の制約もないかのような表現を用いている。Y1は、３日3G 制限の具体的内容について、事実と異なることを告げたものというほかはない。」

(3)　不法行為責任

「Y1の広告及び販売員の説明は、電気通信事業法26条の説明義務に違反し、消費者契約法４条１項１号の不実告知に該当するとともに、不法行為にも該当する。」

3　検討

本件では、裁判所はこれらの行為を不実告知ないし不法行為の問題として捉えて、原告の損害賠償の請求を認容したが、本判決も示しているように解決に至る法的構成としてはいくつかの可能性がある。

とくに消費者契約の内容確定にあたっては、契約書（約款）の内容だけでなく、消費者が契約の締結の意思決定に至ったプロセスを、その事情を含めて丁寧に消費者の目線から吟味することが必要である。説明義務を問題とする上記の裁判例はそうした消費者目線に立った判断を行っているものと評価できる。

他方で、本件では、事業者からの広告や説明に着目して、それらを契約の解釈を通じて、契約内容とすることもできる。これによれば、本件は、事業者によって約束された内容が実現されない場合として、つまり事業者の契約不履行の問題としても構成することができる。

こうした結論を容易に導くことが適切だとすると、現在の民法および消費者契約法において、以下の二つの問題を検討しておく必要がある。

第１に、契約の解釈について準則は、2017年改正民法の作業においてそれを民法に取り入れる提案がされたが、結局採用されないままとなった[1]。消費者契約法にも、不明瞭準則とみられる規定はあるものの、努力義務規定となっており、その法的効果が明確でない。

第２に、事業者側の広告や宣伝が契約の内容に原則として取り込まれることを明示（推定）した規定がない。

そこで、日本の民法において、どのような規定が必要かを考えるために、ヨーロッパの各国民法の共通ルールを示した『ヨーロッパ契約法原則』（以下では、PECLという）[2]を参照してみよう。

4　比較法

PECL 第５章　解釈

５：101条　解釈の一般的準則

⑴契約は、文言の字義と異なる場合であっても、両当事者の共通の意思に従って解釈されなければならない。

⑵当事者の一方が契約に特別の意味を与える意思を有し、かつ、相手方がその意思を契約締結時に知ることができた場合、契約は、その当事者の意思に従って解釈されなければならない。

⑶１項または２項によって意思を明らかにできない場合は、契約は、両当事者と同種の合理的な者であれば同じ状況の下で与えるであろう意味に従って解釈されなければならない。

５：102条　考慮すべき事情

契約を解釈するにあたっては、とりわけ、次の各号に掲げる事情を考慮しなければならない。

1―こうした経緯については、山本敬三「『契約の解釈』の意義と事実認定・法的評価の構造――債権法改正の反省を踏まえて」法曹時報73巻４号１頁以下を参照。

2―オーレ・ランドー／ヒュー・ビール編（潮見佳男・中田邦博・松岡久和監訳）『ヨーロッパ契約法原則Ⅰ・Ⅱ』（法律文化社、2006年）。本文で引用する条文訳は、同書に基本的に基づくものであるが、読みやすくするために部分的に修正した。

(a) 契約が締結された際の諸事情。契約準備段階における交渉を含む。
(b) 当事者の行為。契約締結後の行為も含む。
(c) 契約の性質および目的。(d) 略 (e) 略
(f) 慣習。
(g) 信義誠実および公正取引。

5：103条 「作成者に不利に」の準則

個別に交渉されなかった契約条項の意味について疑いがあるときは、当該条項を持ち出した当事者に不利となる解釈が優先されなければならない。

PECL 第6章　内容および効果

6：101条　契約上の債務を生じさせる表示

(1)契約締結前または締結時に当事者の一方によってされた表示は、当該状況において相手方が合理的に理解したところに基づいて契約上の債務を生じさせる。その際、次に掲げる事情が考慮される。

(a) 相手方にとってのその表示の明白な重要性
(b) 当事者が取引を行う中でその表示をしたかどうか
(c) 当事者間の専門的知識の相違

(2)当事者の一方が事業者的供給者であり、この者が役務、商品その他の財産の質または用法に関する情報を、販売、広告の際に、またはその他の方法で契約締結前に与えた場合は、その表示によって契約上の債務が生じる。ただし、表示が不正確であることを相手方が知りまたは知ることができた場合には、この限りでない。

(3)事業者的供給者のために役務、商品、またはその他の財産を広告または販売する者、または、一連の取引連鎖の過程で当該事業者的供給者よりも前に位置する者によって与えられた情報およびその他の約束は、事業者的供給者に契約上の債務を生じさせる。ただし、この者がその情報または約束を知らず、かつ知ることができなかった場合は、この限りでない。

Ⅲ　契約締結過程の規律の在り方について

１　問題の所在

一連の契約締結過程において不当な勧誘があった場合に、消費者契約法の規律によって救済するべきか、それとも不法行為による救済の方によりメリットがあるのか。

２　裁判例

高額な開運商品を繰り返し購入させた販売店店長等の販売行為と不法行為責任の成否大阪高裁令和元年一二月二五日判決（令和元年（ネ）第1611号、損害賠償等請求控訴事件）
消費者法ニュース一二三号二五四頁、判時二四五三号二三頁
［評釈］中田邦博　私法判例リマークス（法律時報別冊）63号46頁

［事案］

原告Ｘは、当時、34歳の男性で非正規の会社員（一般消費者）であった。被告Ｙは、アクセサリー等のデザイン、企画、製造及び販売等を目的とする株式会社であり、天珠（てんじゅ）と称する天然石やこれを加工した商品の販売を行っている。Ｘは、Ｙの店長Ａや従業員の勧誘に応じてＹとの間で、３ヶ月ほどの間に７回にわたって天珠を加工したアクセサリーを購入する契約（本件契約１～７）を締結し、その代金合計として約400万円を支払った。その後、Ｘは、書面によりＹに対し、クーリングオフ（解除）の通知を送付するとともに、消費生活センターに相談し、あっせんを受けた。Ｙは、本件契約７について解約に応じたものの、本件契約１ないし６については解約に応じなかった。

Ｘが、Ｙに対して、これらの契約により損害を被ったとして、不法行為に基づき、損害賠償の支払を求めた。

［判旨］

「従業員らは、本件［契約２］商品２について、珍しい赤色の龍眼天珠であり200万円ほどもするが、本件［契約１］商品１を購入しているので100万円に

しておくなどというセールストークをして」いるが、「社会通念上違法な勧誘行為であるとまでは認められない。」

「このようなＹの販売方法は、Ｘが支払困難となることを予見しながら、商品に関心を持つ気持ちに付け入って、クレジットカードを利用して商品を購入させるもので、……その商品価格についての不実告知があるといってよいほどの説明がされていること、その結果、代金の支払について正常な判断能力を失った状態にあるＸに本件契約３を締結させたことは、詐欺に当たるか、そうでなくてもＸの軽率又は稚拙な判断能力の低下に乗じた社会的相当性を欠く販売方法が採られたものとして、不法行為に当たる」とした。

3　検討

本件の事案は、いわゆる開運商法と呼んでよいものであり、人の軽信性を利用して商品を販売する手法である。いわゆる「状況の濫用型」の一つであると同時に、過量契約型の要素も含む。不法行為法アプローチは、段階を経て変化する一連の販売方法の連結的作用によって生じる消費者被害を全体として捉えることに親和的なものである[3]。

これによれば、事業者の一連の行為を、対象商品、販売方法、場所、時間的密接性などを考慮して、一つの「行為」として捉え、事業者の認識の程度も加味し、全体として社会相当性の判断を介在させることで不法行為の成立を認定することができる[4]。

4　比較法

PECL 第４章　有効性
４：109条　過大な利益取得または不公正なつけ込み
(1)当事者は、契約締結時に、以下の事情がある場合には、当該契約を取り消すことができる。

3　日本弁護士連合会編『消費者法講義〔第５版〕』（日本評論社、2018年）〔斉藤雅弘〕126頁参照。
4　窪田充見編『新注釈民法（15）』（有斐閣、2017年）〔後藤巻則〕814頁参照。

(a) その当事者が、相手方に依存し、もしくは相手方と信頼関係にあった場合、経済的に困窮し、もしくは緊急の必要があった場合、または、軽率であり、無知であり、経験が浅く、もしくは交渉技術に欠けており、かつ、(b) 相手方が、このことを知りまたは知ることができ、当該契約の事情および目的を考慮すると、著しく不公正な方法でその当事者の状況につけ込み、または過大な利益を取得した場合
(2)略　(3)略

Ⅳ　不当条項審査(約款)の問題点――ドイツの不当条項審査との比較から

1　日独における不当条項審査の比較

(1)　日本法における不当条項審査

民法(定型約款の合意)
第584条の2　定型取引を行うことの合意をした者は、次に掲げる場合には、定型約款の個別の条項についても合意をしたものとみなす。(引用者により部分的に省略)。略
2　前項の規定にかかわらず、同項の条項のうち、
①相手方の権利を制限し、又は相手方の義務を加重する条項であって、
②その定型取引の態様及びその実情並びに取引上の社会通念に照らして第一条第二項に規定する基本原則に反して相手方の利益を一方的に害すると認められるものについては、合意をしなかったものとみなす。(挿入した番号と下線は引用者による)

消費者契約法
第10条　消費者の不作為をもって当該消費者が新たな消費者契約の申込み又はその承諾の意思表示をしたものとみなす条項その他の
①法令中の公の秩序に関しない規定の適用による場合に比して消費者の権利を制限し又は消費者の義務を加重する消費者契約の条項であって、
②民法第一条第二項に規定する基本原則に反して消費者の利益を一方的に

害するものは、無効とする。（挿入した番号は引用者による）

(2)　ドイツ法における約款審査の構造

①約款の定義と約款の組入要件　　BGB305条

Einbeziehung Allgemeiner Geschäftsbedingungen in dem Vertrag

②不意打ち条項・不明瞭条項　　BGB305e 条

Überlassende und mehrdeutige Klauseln

③内容審査の一般条項　　BGB 307条

Inhaltskontrolle

④不当条項リスト

グレーリスト　　BGB 308条

ブラックリスト　　BGB 309条

ドイツ法のこれらの二つのリスト類型は、事業者間取引には、原則として直接的に適用されないものとされているが、事業者間の約款の不当性判断において間接的に参照されることがある。もっとも、ドイツの約款の審査は事業者間の約款のコントロールから始まったことに注目すべきである。

ドイツの約款規制は、判例法として展開したものであり、1976年にその蓄積が約款規制法として立法化された。この約款規制法については、石田喜久夫編『注釈ドイツ約款規制法［改訂普及版]』（同文館、1999年）を参照。2002年のドイツ債務法改正により、同法の実体法部分が民法典に編入されたことにより、手続法的部分は差止訴訟法として独立した法律となった。約款規制の手法はヨーロッパ各国においても普及した。こうしたヨーロッパ私法の展開については、ハイン・ケッツ（潮見佳男・中田邦博・松岡久和訳）『ヨーロッパ契約法Ｉ』（法律文化社、1999年）263頁以下を参照。

2　BGB の約款規制に関する基本規定

(1)　BGB 305条第２項　組入れ要件

BGB 305条第２項　約款は、作成者が契約の締結に際して、次の各号のすべてを満たし、かつ契約の相手方が約款を用いることに同意した場合にのみ、契約の構成部分となる。
　1　契約の相手方に対して約款を明示的に示した場合、又は、それを明示的に示すことが契約の締結の状況によって相当程度難しいとされる限りで、契約締結の場所において明確に認識できる掲示によって示した場合、および、
　2　契約の相手方に対して、作成者にとって認識可能な、相手方の身体的障害をも考慮した期待可能な方法で、約款の内容を認識することができる可能性を与えている場合

②　BGB305e 条　不意打ちおよび不明瞭条項

BGB305e 条第２項　約款の解釈において疑義が生じる場合には作成者に不利になるものとする。

③　BGB307条　内容審査

BGB307条第１項　約款条項は、それが約款利用者の相手方にとって、信義誠実の要請に反して不当に不利なものとなる場合には、無効となる。約款条項は、明確かつ理解できるものでない場合にも不当に不利なものとなる。
　第２項　次の場合に、約款条項は不当に不利なものと推定される。
⑴　約款条項が法律の規定と異なることによって当該法律規定の趣旨と一致しないことになる場合
⑵　契約の性質から生じる主要な権利義務を、契約目的の実現を危殆化するほどに制限する場合
　第３項　この規定の１項および２項、308条、309条は、法律規定と異なるまたはそれを補充する規律によって合意されている約款条項にのみ適用される。その他の条項については、１項１号を準用する１項２項によって、無効なものとなる。

3　比較法的考察

(1)　規制の構造の比較

(2)　内容審査の規定の構造

任意法を逸脱する条項の不当性を推定する規定の存在

日本法　×　ドイツ法　○

・日本法

民法・定型約款　一般条項による内容審査　リストなし

消費者契約法　一般条項による審査と個別条項による審査（若干のブラックリスト）

・ドイツ法

一般条項とブラックリスト、グレーリスト

約款による契約についての統一的条項審査規定の存在、事業者間取引と消費者取引との一定の区別（リストの適用範囲の違い。BGB310条参照）

(3)　関係条文

日本法　消費者契約法10条

ドイツ法　BGB307条を参照。

ドイツ法では法規定の趣旨からの逸脱の場合における推定規定が存在している。

4　日本法の問題点の検討

(1)　推定規定の必要性

日本法でも、ドイツ法のように、約款条項が法律の規定と異なる場合に、法律の規定の趣旨を考慮して条項の不当性を推定することはできるか。

任意規定の持つ公平性・合理性の意味を重視する半強行法の考え方が注目される。

(2)　消費者契約法10条の意義の確認

契約自由の実質化のために裁判官に契約審査の権限を付与したことが重要である[5]。

⑶　裁判官の役割（積極的関与）の重要性

ソフトな規制としての条項審査の活用——誰が市場のルールを発見・形成するのか

裁判官に付託された審査権限

V　まとめにかえて

1　民法と消費者契約法

⑴　契約の解釈について

広告等を契約内容に取り込むことについての規定や、取り込みについての立証責任を明確にする規定がない。

⑵　相手方の弱みにつけ込む不当な勧誘について

不公正な取引方法として、公序良俗規範の拡張において捉える方向性を重視してはどうか。相手方の弱みを利用して締結された不公正な契約の効力は認めてはならない。

状況の濫用法理としての展開は民法の領域の問題であることを確認するべきではないか。

⑶　不当条項審査における立証責任に関する規定の必要性

任意規定をデフォルトルールとしてより積極的に活用してはどうか。そのための推定規定、デフォルトルールから逸脱を正当化する責任が事業者に課せられるといった仕組みが必要。新たなビジネスモデルの公正さの立証責任は事業者に課せられている。

5—中田邦博･鹿野菜穂子『基本講義　消費者法［第5版］』（日本評論社、2022年）［中田邦博］116頁。

2　比較法的な研究成果の積極的な活用と参照

PECL や DCFR[6]の到達点を踏まえる。

3　グローバルな市場で共通する問題

新たなビジネスモデルとして展開するデジタル・プラットフォーム取引などへの消費者法の対応が必要となっている。EU 法の展開はめざましい。

4　市場ルールとしての民法の機能

個人の権利の実現と公正な契約の実現という二つの観点から、民法の守備範囲（射程）を拡張していく必要がある。そこでは、個別事案における判断において裁判官が重要な役割を果たすことにならざるを得ない。そのためにはそれを支援する法的な枠組み（根拠規定）が必要である。これらの観点を踏まえて、民法には、消費者契約法や特商法などの特別法を基底から支える基本法としての役割が期待されている。

6　クリスチャン・フォン・バールほか編（窪田充見ほか監訳）『ヨーロッパ私法の原則・定義・モデル準則　共通参照枠草案（DCFR）』（法律文化社、2013年）。

コメント

池本　誠司

カライスコス　アントニオス

コメント1

池本誠司

1　視点

○　民法の特別法である消費者契約法の特徴

・当事者の格差を踏まえた規律

・消費者問題の実態を踏まえた規定

○　要件が細分化されていることの評価

・消費生活相談の現場から

・弁護士等の実務の現場から

・消費者庁検討会での議論と改正法の規定の比較から

・諸外国の法制度から

○　消費者被害の救済に取り組む実務家として

・現行消費者契約法を解釈運用を通じて最大限活用

・被害の防止・救済に不十分であれば法改正を求める

2　不当勧誘行為の要件と解釈運用による展開

【当初の不実告知の要件】

第4条　消費者は、事業者が消費者契約の締結について勧誘をするに際し、当該消費者に対して次の各号に掲げる行為をしたことにより当該各号に定める誤認をし、それによって当該消費者契約の申込み又はその承諾の意思表示をしたときは、これを取り消すことができる。

一　重要事項について事実と異なることを告げること。　当該告げられた内容が事実であるとの誤認

二　（略）

4　第一項第一号及び第二項の「重要事項」とは、消費者契約に係る<u>次に</u>

掲げる事項であって消費者の当該消費者契約を締結するか否かについての判断に通常影響を及ぼすべきものをいう。
一　物品、権利、役務その他の当該消費者契約の目的となるものの質、用途その他の内容
二　物品、権利、役務その他の当該消費者契約の目的となるものの対価その他の取引条件

(1)「重要事項」に関する論点

・文言上：「次に掲げる事項であって」と限定列挙であり、動機は含まない（限定列挙説）。

・立法段階の審議：事業者にとって適用範囲の明確化。
動機は対象が拡散するため除く。

(2) 重要事項に関する解釈論の展開

①限定列挙説：事業者にとっての適用範囲の明確化（立法時の審議）を尊重
（例）「デジタル回線になると、黒電話は使えなくなる」と言って、新しい電話機を購入させた。

②拡張説：「重要事項」の文言は契約内容・取引条件の限定列挙であり、動機は含まれないが、消費者契約法の立法趣旨に照らし、契約内容・取引条件の意味を拡張的・複合的に捉えることにより、多くのケースで動機も契約内容・契約条件に含まれるものと解する。
（例）「教材購入者には丁寧な学習指導をする」と言って高額の教材を販売したが、指導がずさんである。
⇒教材売買と学習指導役務の複合契約の内容に関する不告知。

③例示説：民法の意思表示の瑕疵規定に対し、消費者の立証責任を緩和する立法趣旨。旧民法95条錯誤無効においても表示された動機の錯誤は適用対象となりうると解されている。
法4条4項1号・2号に列挙する事由に匹敵する重要な動機であり、契約締結時に表示されていた事項は重要事項に含みうるものと解する。

（山本敬三「消費者契約法と情報提供法理の展開」金融法務事情1596号１頁）

④裁判例

㋐通信回線が変更になると今までの電話器が使えなくなるなどと述べて新しい契約を締結させた（神戸簡判平成16・６・25LEX/DB文献番号25437409）

㋑床下がかなり湿っているので家が危ないなどと説明して床下換気扇や防湿剤を購入させた（東京地判平成17・３・10LEX/DB文献番号25463934）

㋒以前に別の業者から教育役務の提供を伴う学習教材を購入していた消費者に対し、教材売買契約の重要事項である教育役務の提供について事実と異なることを告げたこと、かつ以前の契約を容易に解約して返戻金を受領でき教材購入の資金に充てられる旨告げたが、説明どおりに簡単には解約返金ができなかったことから、不実の告知に当たると判断（東京高判平18・１・31消費者法ニュース68号301頁）

⑶　特定商取引法2004（平成16）年改正

・不実の告知取消し（９条の３）の対象となる事項として、特商法６条１項に６号、７号を追加規定した。

（６号）契約の締結を必要とする事情に関する事項

（７号）前各号に掲げるもののほか、……購入者の判断に影響を及ぼすこととなる重要なもの

⇒消費者契約法における解釈論の対立を、特定商取引法の対象取引については立法的に解決。

⑷　消契法2016（平成28）年改正

法４条第５項（重要事項の対象事由）に第３号を追加

> 三　前二号に掲げるもののほか、物品、権利、役務その他の当該消費者契約の目的となるものが当該消費者の生命、身体、財産その他の重要な利益についての損害又は危険を回避するために通常必要であると判断される事情

①不利益回避の動機に関する重要事項を追加
②利益誘引型の動機は規定がないが……
⇒拡張説または例示説の見解によれば、追加されたものは確認的規定であり、利益誘引型の動機についても適用が排除されないと解する。

3　不退去困惑取消し規定に関する解釈運用

> 第4条
> 3　消費者は、事業者が消費者契約の締結について勧誘をするに際し、当該消費者に対して次に掲げる行為をしたことにより困惑し、それによって当該消費者契約の申込み又はその承諾の意思表示をしたときは、これを取り消すことができる。
> 一　当該事業者に対し、当該消費者が、その住居又はその業務を行っている場所から退去すべき旨の意思を示したにもかかわらず、それらの場所から退去しないこと。

(1)「退去すべき旨の意思を示した」とは、どのような言動を指すか

（趣旨）消費者が契約しない・勧誘を継続されたくない意思を示したのに、意に反して勧誘を継続されることにより、断り切れず契約締結に追い込まれた場合に取消しを認める。

（解釈）「お帰り下さい」と明示的に発言した場合に限らず、「間に合っています」「考えておきます」「今忙しいので結構です」「家族と相談してみます」など、今すぐには契約しない旨を示す言動を含む（拡張説）。

(2) 2018（平成30）年改正による困惑類型の追加と解釈運用の課題

○第4条3項に3号から8号の規定を追加

・法改正時の審議：困惑させる行為を具体的に規定しなければ事業者の予見可能性を害する。取消しが必要な具体的な事例を挙げ、その事案に限定した取消し規定を設ける。

・検討：(1)行政規制規定は、行政権の濫用防止や規制対象者の予見可能性

を考慮して、具体的な要件を規定することが憲法上の要請でもある。

消費者契約法は民事規定であり、立法趣旨を踏まえつつ取引当事者の利益考量により裁判所が事後的に判断する規範であり、もっと抽象化した規定で良いはずである。

②改正法の規定についても、それぞれの規定の趣旨を踏まえて拡張解釈・類推適用等の柔軟な解釈により積極的に展開すべきである。

③困惑類型の規定を複数設けることは、消費生活相談の現場等において、典型例について適用しやすいメリットもあるが、その要件を外れると直接適用できないと解釈されるおそれが強いというデメリットがある。

具体的な規定を例示列挙しつつ、受け皿となる包括規定を設けることが必要である。

・国会審議による衆議院附帯決議

> 一　本法第四条第三項第三号及び第四号における、社会生活上の経験が乏しいことから、過大な不安を抱いていること等の要件の解釈については、契約の目的となるもの、勧誘の態様などの事情を総合的に考慮して、契約を締結するか否かに当たって適切な判断を行うための経験が乏しいことにより、消費者が過大な不安を抱くことなどをいうものとし、年齢にかかわらず当該経験に乏しい場合があることを明確にするとともに、法解釈について消費者、事業者及び消費生活センター等の関係機関に対し十分に周知すること。また、本法施行後三年を目途として、本規定の実効性について検証を行い、必要な措置を講ずること。

○「社会生活上の経験が乏しいことから、過大な不安を抱いていること」等の要件の解釈について、立法者自身が拡張的に解釈運用すべきことを明言するもの。第３号から８号までの各規定の要件解釈においても同趣旨と解する。

(3)　2022（令和4）年改正による困惑類型の追加規定と解釈上の課題

○検討会における審議を通じて取りまとめた報告書の提言内容が実現されていない事項が多く、断片的な行為態様の規定にとどまる。

○これを拡張的に解釈運用する視点で、各規定の趣旨と要件をどのように解釈するかが今後の課題である。

4　不当条項の適用における合理的限定解釈

○適格消費者団体の差止請求における合理的制限解釈の採用の当否

(1)　適格消費者団体とは

・国が認定した一定の団体に、個別消費者の被害回復の訴権とは別個独立に、消費者被害の拡大防止に向けた独立の差止請求訴権を付与（現在23団体）。

・民事訴訟の方式により裁判所が違法な事業活動について差止を命ずる仕組みであり、積極的に新判例を獲得したケース（最判平29・1・24等）がある一方で、消極的・制限的に解釈運用する裁判例も目立つ。

(2)　不当条項に対する差止請求において合理的限定解釈を使用した裁判例

・東京高裁平成30年11月28日判決（判時2425号20頁）

（事案）携帯電話サービス契約条項に、「当社は、この約款を変更することがあります。この場合には、料金及びその他の提供条件は、変更後の約款によります。」との条項

（主張）

○個別同意によらず無制限に契約内容を変更できるとする条項は、消費者の利益を一方的に害する不当条項である。

※　民法改正に関する法制審議会の審議においても、無限定な約款変更条項は不当条項の典型である旨、複数の委員が発言している。（法制審議会民法（債権関係）部会平成26年3月4日第85回会議議事録）

○不当条項を含む約款を現に使用しており、不当条項を含む契約締結の意思表示を現に行いまたは行うおそれがある（消契法12条3項）。

〈判決〉

・本件変更条項は、事業者側を一方的に利する恣意的な変更も許容されるように読める。しかし、約款の文言について合理的な限定解釈を加えることが認められるべきものであるから、たとえ無限定な変更を認めるかのような変更条項が存在したとしても、事業者側を一方的に利する合理性を欠く恣意的な変更が許容されると解釈する余地はない。

・よって、本件変更条項は10条前段要件に該当しない。

〈検討〉

（ア）差止請求訴訟において合理的限定解釈を適用すること

○山本豊「適格消費者団体による差止請求」（法律時報83巻８号27頁）

「差止訴訟においては、制限解釈された条項はその制限された内容で有効であることになり、条項使用差止を訴求した適格消費者団体は敗訴の憂き目をみ、誤解を招く透明度の低い表現をもつ契約条項が引き続き使用される結果となる。したがって、差止訴訟において契約条項の制限解釈を行うことについては、慎重な態度が要請されよう。」

（イ）消費者契約法の不当条項の適用において合理的限定解釈を行うこと

○山本敬三「契約の解釈と民法改正の課題」（伊藤眞ほか編集代表『経済社会と法の役割』（商事法務、2013年）701頁）

「現在では、消費者契約に関しては新たに内容規制に関する規定が設けられている。そのような手がかりがあるときには、不当な条項を無効と判断し、契約の内容規制を行う事に躊躇すべきではないと考えられる。」

⑶ 差止請求訴訟において合理的限定解釈の適用を否定した裁判例

・東京高裁令和２年11月５日判決（最高裁判所ウェブサイト）

（事案）ネット上のゲームサイト利用契約において、「他の会員に不当に迷惑をかけたと当社が判断した場合」、「その他会員として不適切であると当社が判断した場合」、本サービスの利用停止または会員資格取消しができる、この場合当社が受領した料金を返還しない、会員に損害が生じても一切賠償しない、旨の免責条項を規定。

突然利用停止とされた消費者が運営業者に理由を質問しても、当社の判断であるとして理由の説明がないという、との情報提供により調査。

※　2018（平成30）年改正法施行前の事案

（判決）

○誤った判断の場合は免責規定の適用がないから、責任を負わないことの確認的な規定に過ぎないという主張は、行為規範としての解釈にそぐわない。

○合理的限定解釈を加えるべきとの主張について、「事業者を救済する（不当条項性を否定する）方向で」「条項に文言を補い限定解釈するということは」、消契法3条1項1号の趣旨に照らし「極力控えるのが相当である。」

（評価）

○2018（平成30）年改正により、事業者の損害賠償責任等の決定権限付与条項（事業者に損害賠償責任の有無・限度を決定する権限を付与する条項）を不当条項として法8条に文言を追加。

○法10条には同文言の追加はないが、消費者の権利制限においても事業者に判断権限を付与する条項は不当条項と解釈すべきこととなる。

コメント2

カライスコス　アントニオス

1　EU における消費者契約の規律

(1)　不公正契約条項指令93/13/EEC[1]

⇒　消費者契約（BtoC 契約）における、当事者間で交渉されていない不公正な契約条項を規制

※　日本における消費者契約法の８条から10条までに相当

（ただし、適用範囲が異なるなど、相違あり）

(2)　不公正取引方法指令2005/29/EC[2]

⇒　消費者に対する事業者の不公正な取引方法を規制

※　日本における消費者契約法の４条に相当

＋　特定商取引法、景品表示法

（ただし、適用範囲が異なるなど、相違あり）

(3)　消費者権利指令2011/83/EU[3]

⇒　消費者に対する事業者の情報提供義務全般、営業所外契約（＝訪問販売契約）および通信取引契約（＝通信販売契約）における消費者に対する事業者の特別の情報提供義務、これらの２類型の契約における消費者の

---

1 ―この指令の和訳（ただし、現代化指令(EU)2019/2161による改正前のもの）としては、河上正二訳「消費者契約における不公正条項に関する EC 指令（仮訳）」NBL534号（1993年）41頁以下を参照。

2 ―現代化指令による改正後のこの指令の和訳として、中田邦博＝カライスコス　アントニオス＝古谷貴之「EU における現代化指令の意義と不公正取引方法指令の改正(2)」龍法53巻３号（2020年）293頁以下を参照。また、同指令について分析する文献として、カライスコス　アントニオス『不公正な取引方法と私法理論――EU 法との比較法的考察』（法律文化社、2020年）がある。

3 ―この指令の和訳（ただし、現代化指令による改正前のもの）としては、寺川永＝馬場圭太＝原田昌和訳「2011年10月25日の消費者の権利に関する欧州議会及び理事会指令」中田邦博＝鹿野菜穂子編『消費者法の現代化と集団的権利保護』（日本評論社、2016年）551頁以下を参照。

クーリング・オフ権を規律

※　日本には相当する立法なし……ごく一部において特定商取引法に相当

2　立証の問題

(1)　不公正契約条項指令

ア　一般条項とグレー・リスト

・　①　契約条項が不公正となるための要件を定める規定（３条(1)、一般条項）

と、

②　不公正となる場合がある契約条項の例示的かつ非限定的なリスト（３条(3)、付表）がある

⇒　②は、いわゆる「グレー・リスト」

※　その法的性質は？……実質的には、立証責任の転換

※　不公正契約条項指令が「下限平準化指令」であるため、このリストを「ブラック・リスト」として定めている加盟国がある

イ　契約条項に関する交渉

・　契約条項について交渉がされたかどうかが争われている場合

⇒　事業者側が、問題とされている契約条項が交渉されたものであると主張するときは、その立証責任を負う（３条(2)）

ウ　契約条項の意味についての疑い

・　契約条項の意味について疑いがある場合には、消費者にとって最も有利な解釈が優先される（５条）……作成者不利の原則

⇒　ただし、集団訴訟（差止訴訟、７条(2)）の場合において契約条項の意味について疑いがあるときは、この規定は適用されない

(2)　不公正取引方法指令

ア　一般条項とブラック・リスト

・　(1)　あらゆる不公正取引方法を禁止する「大きな一般条項」（５条）、

(2)　その代表的な類型としての「誤認惹起的取引方法」（６条、７条）

および「攻撃的取引方法」（8条、9条）に関する「小さな一般条項」、

③　いかなる場合にも不公正となる取引方法のリスト（ブラック・リスト。5条(5)、付表Ⅰ）がある

イ　事業者による主張の実証

・　加盟国は、不公正取引方法に関する民事または行政手続において、次に掲げる権限を裁判所または行政機関に付与しなければならない（12条）

①　事業者その他手続の当事者の正当な利益を考慮して、その要求が事件の事情に照らして適切であると認めるときは、取引方法に関する事実の主張の正確性についての証拠を提出するよう事業者に要求すること

②　①に従って要求した証拠が提出されず、または裁判所もしくは行政機関によって不十分と判断された場合に、事実の主張が正確でないものとみなすこと

⇒　立証責任の転換が可能となっている

3　不当勧誘への対応

(1)　不公正取引方法指令

・　全体としての表現方法

⇒　誤認惹起作為については、全体としての表現方法を含む何らかの方法によって平均的消費者を誤認させ、もしくは誤認させるおそれがあるのか（その情報が事実として正確である場合を含む）が考慮される（6条(1)）

(2)　消費者権利指令

・　事業者によって提供された情報の、契約への取込み

⇒　営業所外契約（＝訪問販売契約）および通信取引契約（＝通信販売契約）において、事業者が消費者権利指令に従い消費者に提供しなければならない情報は、これらの契約の不可欠な部分を構成し、当事者が明示的に別段の定めをする場合を除いて、変更してはならない（6条(5)）

要件事実論・事実認定論
関連文献

山﨑　敏彦

永井　洋士

要件事実論・事実認定論関連文献　2022年版

山﨑敏彦
永井洋士

この文献一覧は、要件事実論・事実認定論を扱っている文献を、これまでと同様に、大きく、要件事実論に関するもの（Ⅰ）、事実認定論に関するもの（Ⅱ）（⑴民事、⑵刑事、⑶その他）に分けて、著者五十音順・発行順に整理したものである。収録対象は、ほぼ2021年末から2022年末までに公にされた文献である。関連文献の取捨・整理における誤り、重要文献の欠落など不都合がありはしないかをおそれるが、ご教示、ご叱正を賜りよりよきものにしてゆきたいと考える。

Ⅰ　要件事実論

伊藤 滋夫
「要件事実・事実認定論の根本的課題――その原点から将来まで（第35回）事業所得・給与所得（付―不動産所得・山林所得・退職所得）③――要件事実論の視点からみた所得税法」ビジネス法務22巻1号152頁以下（2022年1月）

伊藤 滋夫
『要件事実論の総合的展開――その汎用性を説き論証責任論に及ぶ』（日本評論社、2022年4月）

伊藤 滋夫
「要件事実・事実認定論の根本的課題――その原点から将来まで（第36回）譲渡所得①――要件事実論の視点からみた所得税法」ビジネス法務22巻5号142頁以下（2022年5月）

伊藤 滋夫

「要件事実・事実認定論の根本的課題――その原点から将来まで（第37回）譲渡所得②――要件事実論の視点からみた所得税法」ビジネス法務22巻７号149頁以下（2022年７月）

伊藤 滋夫

「要件事実・事実認定論の根本的課題――その原点から将来まで（第38回）一時所得――要件事実論の視点からみた所得税法」ビジネス法務22巻９号140頁以下（2022年９月）

伊藤 滋夫

「要件事実・事実認定論の根本的課題――その原点から将来まで（第39回）雑所得①――要件事実論の視点からみた所得税法」ビジネス法務22巻11号151頁以下（2022年11月）

岩谷 敏昭

『会社訴訟の要件事実』（新日本法規出版、2022年８月）

岩橋 健定

「コメント１」田村伸子編『行政訴訟と要件事実［法科大学院要件事実教育研究所報第20号］』126頁以下（日本評論社、2022年３月）

鵜澤 剛

「行政裁量と考慮事項――行政訴訟における要件事実・序説」金沢法学64巻２号21頁以下（2022年３月）

大江 忠

『要件事実消費者法』（第一法規、2022年３月）

大江 忠
『新債権法の要件事実（第二版）』（司法協会、2022年12月）

大野 祐輔
「債務不履行の要件事実」磯村保編『新注釈民法(8)債権(1)』580頁以下（有斐閣、2022年３月）

岡口 基一
『要件事実入門 初級者編（第３版）』（創耕舎、2022年１月）

岡口 基一
『ゼロからマスターする要件事実――基礎から学び実践を理解する』（ぎょうせい、2022年９月）

岡口 基一
『要件事実入門 司法試験予備試験出題形式編』（創耕舎、2022年11月）

河村 浩
「〔講演３〕行政法各論から要件事実総論（立証責任の分配基準）を考える」田村伸子編『行政訴訟と要件事実［法科大学院要件事実教育研究所報第20号］』49頁以下（日本評論社、2022年３月）

河村 浩
「〔講演３レジュメ〕行政法各論から要件事実総論（立証責任の分配基準）を考える」田村伸子編『行政訴訟と要件事実［法科大学院要件事実教育研究所報第20号］』113頁以下（日本評論社、2022年３月）

髙木 光
「〔講演１〕行政関係訴訟における要件事実論の意義」田村伸子編『行政訴訟と要件事実［法科大学院要件事実教育研究所報第20号］』７頁以下（日本評

論社、2022年３月）

髙木 光

「〔講演１レジュメ〕行政関係訴訟における要件事実論の意義」田村伸子編『行政訴訟と要件事実［法科大学院要件事実教育研究所報第20号］』92頁以下（日本評論社、2022年３月）

髙木 光

「住民訴訟四号請求における違法性再考(1)――要件事実論からの示唆」自治研究98巻３号３頁以下（2022年３月）

髙木 光

「住民訴訟四号請求における違法性再考(2)――要件事実論からの示唆」自治研究98巻４号３頁以下（2022年４月）

髙木 光

「住民訴訟四号請求における違法性再考（３・完）――要件事実論からの示唆」自治研究98巻６号３頁以下（2022年６月）

瀧谷 耕二

「課税要件事実の認定における経済的合理性の判断」税経通信77巻13号91頁以下（2022年12月）

竹内 努

「特殊不法行為の要件事実」大塚直編『新注釈民法（16）債権(9)』619頁以下（有斐閣、2022年９月）

田村 伸子

「要件事実論における冒頭規定の意義――貸借型理論と関連して」創価ロージャーナル15号29頁以下（2022年３月）

田村 伸子 編
『行政訴訟と要件事実［法科大学院要件事実教育研究所報第20号］』（日本評論社、2022年３月）

馬場 陽
「重加算税における隠ぺい、仮装の論証構造（上）――要件事実論的等価値性の観点から」税務事例54巻６号10頁以下（2022年６月）

馬場 陽
「重加算税における隠ぺい、仮装の論証構造（下）――要件事実論的等価値性の観点から」税務事例54巻７号11頁以下（2022年７月）

村上 裕章
「〔講演２〕情報公開訴訟における要件事実と立証責任」田村伸子編『行政訴訟と要件事実［法科大学院要件事実教育研究所報第20号］』29頁以下（日本評論社、2022年３月）

村上 裕章
「〔講演２レジュメ〕情報公開訴訟における要件事実と立証責任」田村伸子編『行政訴訟と要件事実［法科大学院要件事実教育研究所報第20号］』100頁以下（日本評論社、2022年３月）

山川 隆一
「不合理な待遇格差に関する損害賠償請求の要件事実――メトロコマース事件・最三小判令和２・10・13民集74巻７号1901頁を素材に（要件事実で読む労働判例――主張立証のポイント（第１回））」季刊労働法278号120頁以下（2022年９月）

山田 洋
「コメント２」田村伸子編『行政訴訟と要件事実［法科大学院要件事実教育

研究所報第20号]』131頁以下（日本評論社、2022年３月）

Ⅱ　事実認定論

⑴　民事

足立 正佳

『ダイアローグ争点整理Ⅰ――裁判、特に争点整理における事実認定の約束事を用いて』（商事法務、2022年９月）

加藤 新太郎

『民事事実認定の技法』（弘文堂、2022年２月）

田中 豊

『最高裁破棄判決――失敗事例に学ぶ主張・立証、認定・判断』（ぎょうせい、2022年12月）

⑵　刑事

粟田 知穂

「刑事事実認定マニュアル（第１回）因果関係」警察学論集75巻２号46頁以下（2022年２月）

粟田 知穂

「刑事事実認定マニュアル（第２回）不作為犯」警察学論集75巻４号151頁以下（2022年４月）

粟田 知穂

「刑事事実認定マニュアル（第３回）不能犯・実行の着手・中止未遂」警察学論集75巻５号93頁以下（2022年５月）

栗田 知穂
「刑事事実認定マニュアル（第４回）共犯（その１）――正犯と従犯」警察学論集75巻６号104頁以下（2022年６月）

栗田 知穂
「刑事事実認定マニュアル（第５回）共犯（その２）――共謀共同正犯」警察学論集75巻７号96頁以下（2022年７月）

栗田 知穂
「刑事事実認定マニュアル（第６回）共犯（その３）――共犯に関するその他の問題」警察学論集75巻９号182頁以下（2022年９月）

栗田 知穂
「刑事事実認定マニュアル（第７回）正当防衛――急迫性・防衛の意思」警察学論集75巻11号142頁以下（2022年11月）

栗田 知穂
「刑事事実認定マニュアル（第８回）過剰防衛――相当性・量的過剰」警察学論集75巻12号124頁以下（2022年12月）

岡﨑 忠之
「刑事事実認定重要事例研究ノート（第51回）少年事件における非行事実の認定」警察学論集75巻６号121頁以下（2022年６月）

白石 篤史
「刑事事実認定重要事例研究ノート（第49回）各種犯罪における実行の着手の認定について」警察学論集75巻２号114頁以下（2022年２月）

陶山 二郎・稲田 朗子
「危険運転致死傷罪に関する一考察――事実認定の問題を中心として（２・

完)」高知論叢122号111頁以下（2022年３月）

髙橋 明宏

「刑事事実認定重要事例研究ノート（第50回）要保護性判断の基礎となる事実の認定について」警察学論集75巻５号115頁以下（2022年５月）

中川 由賀

「公道実証実験の事故事例分析を通じた今後の刑事実務的課題の検討――主に証拠の収集・分析及び事実認定について」中京ロイヤー36巻23頁以下（2022年３月）

宗岡 嗣郎

「公判および捜査における事実認定――日石・土田・ピース缶爆弾事件との関連で」久留米大学法学86号87頁以下（2022年９月）

(3)　その他

高田 倫子

「行政訴訟における事実認定の審査とその限界(1)」法学雑誌68巻３号324頁以下（2021年12月）

高田 倫子

「行政訴訟における事実認定の審査とその限界（２・完)」法学雑誌69巻２号248頁以下（2022年10月）

馬場 陽

「『税法上の時価』に関する覚書――事実認定か、法解釈か、それともあてはめか」税制研究82号198頁以下（2022年９月）

山浦 善樹

「（書評）加藤新太郎『民事事実認定の技法』」判例時報2518号138頁以下（2022

年7月)

渡邊 春己

『反対尋問と事実認定2 ——歴史をめぐる事件の記録と解説』(花伝社、2022年2月)

田村伸子（たむら・のぶこ）

法科大学院要件事実教育研究所長・創価大学法科大学院教授・弁護士

1994年　創価大学法学部卒業

1996年　司法修習生（50期）

1998年　弁護士登録（東京弁護士会）

2004年　法科大学院要件事実教育研究所研究員

2007年　創価大学法科大学院講師、2019年～現在　創価大学法科大学院教授

2015年　中央大学大学院法学研究科博士後期課程修了（博士）

2020年　法科大学院要件事実教育研究所長

主要著作

伊藤滋夫編著『要件事実小辞典』（共著、青林書院、2011年）

保険法と要件事実〔法科大学院要件事実教育研究所報第19号〕（編、日本評論社、2021年）

行政訴訟と要件事実〔法科大学院要件事実教育研究所報第20号〕（編、日本評論社、2022年）

消費者法と要件事実〔法科大学院要件事実教育研究所報第21号〕

2023年3月30日　第1版第1刷発行

編　者——田村伸子（法科大学院要件事実教育研究所長）

発行所——株式会社日本評論社

〒170-8474 東京都豊島区南大塚3-12-4

電話03-3987-8621（販売）　FAX03-3987-8590　振替　00100-3-16

印　刷——精文堂印刷

製　本——難波製本

Printed in Japan © TAMURA Nobuko 2023　装幀　図工ファイブ

ISBN 978-4-535-52735-5

JCOPY 〈（社）出版者著作権管理機構 委託出版物〉

本書の無断複写は著作権法上での例外を除き禁じられています。複写される場合は、そのつど事前に、（社）出版者著作権管理機構（電話 03-5244-5088、FAX 03-5244-5089、e-mail: info@jcopy.or.jp）の許諾を得てください。また、本書を代行業者等の第三者に依頼してスキャニング等の行為によりデジタル化することは、個人の家庭内の利用であっても、一切認められておりません。